Low Carbon Development Strategy and Contermeasure of Urban Transport in Medium and Small-sized Cities

中小城市交通
低碳发展战略与对策

李振宇　李　超　吴洪洋　编著

内 容 提 要

本书从低碳城市交通的基本理论出发，分析了我国中小城市交通的低碳发展现状、发展趋势以及存在的主要问题和面临的主要困难，总结了国内外典型案例和发展启示。基于低碳城市交通发展的关键因素，分类提出了若干种发展模式。利用情景分析的方法，预测了我国未来至2030年中小城市交通的能源消耗量和温室气体排放量，剖析了不同情景下的节能减排潜力，并提出了相关的政策措施和发展对策。

本书可供城市交通、低碳交通研究领域的教学、科研、管理人员使用，亦可以作为交通规划与城市规划相关专业师生的参考用书。

图书在版编目（CIP）数据

中小城市交通低碳发展战略与对策 / 李振宇，李超，吴洪洋编著. — 北京：人民交通出版社股份有限公司，2019.6

ISBN 978-7-114-15595-6

Ⅰ. ①中… Ⅱ. ①李… ②李… ③吴… Ⅲ. ①中小城市—城市交通运输—运输经济—绿色经济—研究—中国 Ⅳ. ① F572

中国版本图书馆 CIP 数据核字（2019）第 111776 号

书　　名：中小城市交通低碳发展战略与对策
著 作 者：李振宇　李　超　吴洪洋
责任编辑：杨丽改　何　亮
责任校对：赵媛媛
责任印制：张　凯
出版发行：人民交通出版社股份有限公司
地　　址：（100011）北京市朝阳区安定门外外馆斜街3号
网　　址：http://www.ccpress.com.cn
销售电话：（010）59757973
总 经 销：人民交通出版社股份有限公司发行部
经　　销：各地新华书店
印　　刷：中国电影出版社印刷厂
开　　本：720×960　1/16
印　　张：11.75
字　　数：184千
版　　次：2019年6月　第1版
印　　次：2019年6月　第1次印刷
书　　号：ISBN 978-7-114-15595-6
定　　价：60.00元

编 写 组

编写组长：李振宇　李　超　吴洪洋

编写成员：尹志芳　廖　凯　郭　忠　郝　萌

尹怡晓　魏领红　杨新征　赵海宾

王吉生　张晚笛　林　翊　王鹏英

白　冰　王建民　李文芳　李子昂

前　言

改革开放40年来，我国经历了世界少有的快速城镇化发展进程，也由此导致城镇人口规模迅速增加、机动车保有量快速攀升等。截至2018年底，我国机动车保有量达到3.27亿辆，其中小汽车保有量首次突破2亿辆大关，机动车驾驶人数量也突破了4亿人，全国机动车保有量超过百万辆的城市达到61个，在这些城市中多数城市“患”上交通拥堵、冬季雾霾污染严重等“城市病”，此种“病”也正在加速向中小城市漫延，将对居民的基本出行与生活质量造成严重影响。为应对全球气候变暖，我国在2015年确定了到2030年左右二氧化碳排放量尽早达峰的目标。党的十八大、十九大报告分别提出了“美丽中国”“生态文明”“走新型城镇化道路”等一系列新理念、新思路、新要求，并指出在2020年全面建成小康社会、提前实现第一个百年奋斗目标的基础上，再奋斗15年，到2035年基本实现社会主义现代化。从2035年到本世纪中叶，在基本实现现代化的基础上，再奋斗15年，把我国建成富强、民主、文明、和谐、美丽的社会主义现代化强国。与此同时，交通行业始终高度重视节能减排与低碳发展工作，在加快推进“四个交通”发展的基础上，2017年交通运输部又发布了《关于全面深入推进绿色交通发展的意见》，坚持推进绿色交通发展服务交通强国建设，提出到2020年基本建成绿色循环低碳交通运输体系，并提出了加快绿色交通省、市和企业三级试点、创建“公交都市”试点城市、加快新能源车辆推广应用、城乡交通运输一体化等一系列解决方案，已取得了显著成效。

在当前的城镇化进程中，中小城市的数量和规模不断扩张，在绿色低碳方面的作用越发突出。一方面，中小城市未来极有可能扩张为大城市，既有的发展模式会对未来形成的大城市造成重大影响；另一方面，全面建设小康社会、国家新型城镇化、交通强国建设等对中小城市的可持续发展提出了更高的要求。然而，由于受制于资金、技术、资源等，我国目前中小城市的低碳发展远落后于大城市，为避免重蹈覆辙，中小城市应认真梳理和总结大城市发展的主要经验，吸取相关教训，抓住当前城市交通发展转型的有利时机，提升发展和治理的系统性、整体性、协同性，加快推进我国中小城市的转型发展。

本书从我国中小城市交通的发展现状和发展特点出发，先后赴荣成、凯里、海宁、上饶、济源、长治等20多个中小城市开展了城市调研，实地考察当地交通的发展现状，了解存在的主要问题，分析不同城市低碳交通发展的主要特点。同时，结合巴塞罗那、弗莱堡、哥本哈根等国外案例城市低碳交通发展的先进经验，分析并总结了城市交通的影响因素、城市交通的低碳发展模式等。运用情景分析的方法，设定基准、低碳和强化低碳三种发展情景，预测了到2030年中小城市交通的二氧化碳排放水平，并提出了相应的发展愿景、发展目标和对策建议。本书共计六章：

第一章，概述。本章分析了我国中小城市低碳交通发展的背景，从城市的定义和分类、低碳经济、低碳交通的发展和内涵、交通与城市的相互作用机制等方面进行了详细的介绍。

第二章，中小城市交通发展现状特征及发展形势。本章总结了中小城市的交通发展现状特征，并从政策、运营等方面梳理了中小城市交通低碳发展的现状特征，总结了中小城市交通发展的形势及面临的主要障碍。

第三章，中小城市交通低碳发展案例。本章以考察的多个国内外中小城市为基础，总结案例调研城市低碳交通的发展经验，得出对我国中小城市低碳交通发展的启示，并分析了其主要措施的适用性。

第四章，城市交通影响因素和几种发展模式。本章分析了影响中小城市交通低碳发展的主要因素，并就每个因素选取了若干表征指标，对样本城市的指标数据进行统计采集和初步分析。

第五章，中小城市交通低碳发展的情景分析。本章通过情景分析的方法，考虑重点影响因素，设定基准、低碳和强化低碳三种发展情景，预测到2030年中小城市交通能源消耗量和二氧化碳排放量，分析了其主要排放特征。

第六章，中小城市交通低碳发展的战略思路和发展对策。本章通过前文的分析和预测，提出我国中小城市交通系统应该以“定位清晰、长远规划、差异发展”为原则，并提出了我国中小城市交通低碳的发展愿景、发展目标及相关建议。

本书得到了中国清洁发展机制基金（CDM）的资金支持，在研究过程中，来自国家发展改革委应对气候变化司、交通运输部综合规划司、国家发展改革委能源研究所、交通科技促进中心的各位专家给予了大力支持和专业的技术帮助，在编写过程中还参考了不少相关领域的著作和文献，借鉴了许多国内外专家学者的研究成果。在此向中国清洁发展机制基金、各位专家和相关作者致以谢忱。

限于作者水平，加之时间仓促，书中的错误、疏漏之处在所难免，希望得到专家、学者及广大读者的批评指教。

编　者

2019年2月于北京

目 录

第一章 概 述

第一节 发展背景

改革开放40年来，我国经历了快速城镇化的发展进程，城镇化率由1979年的18.96%增长到了2017年的58.52%，并继续保持快速增长的势头。根据《中华人民共和国国民经济和社会发展第十三个五年规划纲要》，到2020年，我国城镇化率水平将达到60%。如此快速的城镇化进程是世界少有的，而根据西方发达国家历史经验并结合城镇化进程的一般规律，城镇化率在35%~70%之间是城镇化的加速增长期，也是城镇化的关键时期。

我国快速城镇化发展的同时也伴随着快速机动化，多数大城市普遍存在着交通拥堵日益严重、能耗和环境污染急剧增加等问题，而且这一情形正在快速向中小城市漫延，将对民众基本出行与生活质量、城市经济运行等造成严重危害，成为社会关注的重大热点问题。再过20~30年，我国预计将会有一批中型城市发展进入大型城市行列。

党的十八大、十九大报告提出了“美丽中国”“生态文明”“走新型城镇化道路”等一系列新理念、新思路、新要求。2013年，中央经济工作会议进一步提出要把生态文明理念和基本原则全面融入城镇化进程，走集约、智能、绿色、低碳的新型城镇化道路。十八届五中全会上提出，“十三五”时期是全面建成小康社会决胜阶段，要树立并切实贯彻创新、协调、绿色、开放、共享的发展理念。2015年，我国确定了到2030年左右二氧化碳排放尽早达峰的目标，单位国内生产总值二氧化碳排放比2005年下降60%~65%。

为深化节能减排，2017年交通运输部发布了《关于全面深入推进绿色交通发展的意见》，坚持推进绿色交通发展服务交通强国建设，并提出到2020年基本建成绿色循环低碳交通运输体系的发展目标。我国的城市交通发展也由此进入了战略转型的关键时期。全国城市正在寻求交通行业的低碳发展模式，尤其是在大城市的“城市病”凸显以来，大量的精力投入到缓解交通拥堵、减少污染排放等方面，然而，因受制于资金、技术和资源等条件，中小城市的低碳发展远滞后于大城市。随着数量和规模的快速扩张，中小城市在谋求低碳发展和建设可持续社会方面的作用越发凸显。中小城市在未来的发展中极有可能快速扩张成为大型城市，全面建设小康社会、国家新型城镇化、交通强国建设等对中小城市的可持续发展提出了更高标准和更高要求。作为新型城镇化的主战场和全面建成小康社会的重要阵地，中小城市应尽量避免重蹈当今大型城市“城市病”缠身的覆辙，全面回顾和总结过往的经验和教训，抓住城市交通发展转型的有利时机，更加注重发展和治理的系统性、整体性、协同性，大力推进低碳交通发展。

第二节　低碳城市交通的理论基础

低碳城市交通涉及城市、低碳经济、低碳交通等主要概念，国内外已经有了较多的研究，在很多方面已达成了共识。

一、城市的定义和分类

城市是伴随着人类文明的发展而发展，并成为人类文明的集中体现。人们对城市的认识和研究也随着城市的不断发展而不断深入。对于城市的定义，到目前为止仍未有一个统一的答案。随着历史的演进，城市的内涵、外延、性质、特点、功能等在不断地演化和变动，学者们从不同的角度，对城市的概念赋予了自己的定义。

亚当·史密斯（Adam Smith）在《国富论》中认为，城市是一个汇集了大量劳动和资本，提供大规模贸易市场的区域。马克思认为，城市是人口、生产工具、资本、享乐和需求的集合。列宁认为，城市是推动经济、政治和人们精神生活的动力中心。斯大林认为，城市是人们集中居住的最发达区域，人们在这个区域里从事各项生产、生活活动，同时还是周围地区的行政和文化中心。英国城市经济学家巴顿认为，城市是一个坐落于有限空间区域内的网状系统，在这个系统里各种经济、生活、活动相互交织。

不同领域的学者立足于自身学科的角度，对城市的定义展开了相关研究。人口学者认为，城市是人口高密度聚集的区域，人口规模和密度是作为其判断的标准。地理学者认为，城市是一种以建筑物和基础设施密集为显著特征的空间聚落。而社会学研究的重点是社会的组织形式和人性的行为形式，城市恰恰就是一个社会人工系统。美国城市社会学家路易斯·沃思在其著名的论文《作为城市生活方式的城市性》中指出，城市之所以为城市，主要是城市形成了一种特有的生活方式——城市性（Urbanism）。他立足于社会学的角度对城市的定义是：城市是依靠正规控制和职业行为规则形成约束力而组成的稳定结合体，人口数量、人口密度和人口异质性是其三个主要标志。

单纯地从经济学的角度认为，城市是经济活动高度聚集的结果。从城市经济学的角度来研究城市，具有较大的实用价值。原因在于城市经济学是以具有社会经济功能的城市作为研究对象，研究的宗旨是实现稀缺资源的优化配置。城市的出现和发展是经济活动在一定空间下不断聚集的过程，这个过程与社会经济形态的发展和人类需要层次的发展是相一致的。而从城市规划学的角度认为，城市表现为以非农业产业和非农业人口聚集的居民点。在我国，城市主要包括按国家行政建制设立的市、镇。

通过实施城市分类，既可以引导加快一个国家或地区的城市体系建设，使其形成促进经济与社会发展的支柱与骨架；又能对城市的建设实现分类指导，实行差异化发展。对于城市分类，全国尚未有一种公认的分类体系。各国对城市的界定主要有以下四类：

第一类，以人口规模为标准，主要是指以人口数量为标准。

第二类，以人口密度为标准，将城市单位面积内聚集的人口密度作为标准。

第三类，以行政区划为标准，根据政府部门的规定来界定城市。

第四类，以产业结构为标准，将第二、第三产业从业人口比例作为划分标准。

我国的城市规模划分标准主要参照城市化进程标准第一条，即以人口规模为标准，这种分类也是最为常见的一种。

伴随城镇化进程的加剧，城市规模也在不断扩张，城市分级也相应进行调整。1980年，我国首次对1955年国家建委《关于当前城市建设工作的情况和几个问题的报告》中的城市划定标准做出改变，将城市规模分为4个等级：城市人口100万人以上为特大城市；50万人以上到100万人为大城市；20万人以上到50万人为中等城市；20万人和20万人以下为小城市。但并没有对“城市人口”进行清晰界定。1989年出台的《中华人民共和国城市规划法》提出严格控制大城市规模、合理发展中等城市和小城市，对城市规模的划分等级进行修改：市区和近郊区非农业人口50万人以上的城市为大城市；市区和近郊区非农业人口20万人以上、不足50万人的城市是中等城市；市区和近郊区非农业人口不满20万人的城市为小城市。2014年国务院颁布《关于调整城市规模划分标准的通知》，将全国城市划分为“五类七档”，即以城区常住人口为统计口径，人口50万人以下的为小城市，其中20万人以上50万人以下的城市为Ⅰ型小城市，20万人以下的城市为Ⅱ型小城市；城区常住人口50万人以上100万人以下的城市为中等城市；城区常住人口100万人以上500万人以下的城市为大城市，其中300万人以上500万人以下的城市为Ⅰ型大城市，100万人以上300万人以下的城市为Ⅱ型大城市；城区常住人口500万人以上1000万人以下的城市为特大城市；城区常住人口1000万人以上的城市为超大城市。各类城市的划分标准见表1-1。

各类城市的划分标准（单位：人）　　表1-1

不同划分标准	联　合　国	城市规划法（1989）	国务院《关于调整城市规模划分标准的通知》（2014）
城市级别/限定范围	城市聚居人口	市区及近郊区非农业人口	城区常住人口
超大城市	—	—	≥1000万
特大城市	≥100万	≥100万	500万～1000万
大城市	10万～100万	50万～100万	100万～500万
中等城市	2万～10万	20万～50万	50万～100万
小城市		≤20万	≤50万

二、低碳经济的概念和内涵

关于低碳发展的研究经历了较长的发展过程，最早可追溯到1972年6月联合国在斯德哥尔摩召开的第一次人类环境大会，与会各国共同签署了《人类环境宣言》，揭开了人类追求可持续发展的序幕。1987年，世界环境与发展委员会（World Commission on Environment and Development）在《我们共同的未来》报告中首次正式提出了可持续发展的定义。英国环境经济学家大卫·皮尔斯（David Pierce）于1989年发表的著作《绿色经济的蓝图》中首次提出了绿色经济的发展理念。进入21世纪之后，随着全球经济的发展、人口的膨胀与城市化进程的加快，能源危机已经给人类敲响了警钟。世界各国为了应对日益严峻的环境危机和能源危机，转变本国的经济发展方式，提出了低碳经济、低碳发展等概念。2003年，英国政府在《我们能源的未来：创建低碳经济》中首次出现了“低碳”一词，文件中不仅提出了“低碳”理念，还进一步提出了“低碳经济”理念，为世

界各国共同面临的能源危机、环境危机、全球变暖等问题指明了发展方向，这一概念的提出得到了国际社会的纷纷响应和认同。

低碳经济是低碳发展、低碳产业、低碳技术、低碳生活等一类经济形态的总称，是以低能耗、低排放、低污染为基本特征，其实质在于提升能效技术，发展节能技术、可再生能源技术和温室气体减排技术等，促进产品的低碳开发和维持全球生态平衡。低碳经济是与高碳经济相比较而言的。低碳经济不仅仅是一个概念的创新，更是一个时代演化的一种经济发展模式，经济增长方式的深刻变革，标志着人类进入了一个崭新的经济发展阶段。为了争夺这个新阶段技术上的制高点，不少国家，尤其是发达国家率先开发低碳技术，抢占低碳利益，发展低碳产业和低碳经济。

低碳经济自提出以来，迅速传遍世界的各个角落，各国都以积极的姿态迎接低碳经济时代的到来。2007年，我国国家主席胡锦涛在出席亚太经合组织（APEC）会议时发表了重要讲话，明确提出了我国积极发展低碳经济的主张。2008年，世界环境日的主题确定为“转变传统观念，推行低碳经济”，使低碳经济更加深入人心。由于低碳经济顺应了“加快经济发展方式转变”这一重要背景，受到了人们的热捧。“低碳生活”和“低碳经济”成为了全社会的共识，成为人们所期待的最为主导的生存和发展方式。

三、低碳交通的概念和内涵

在应对全球气候变化的大背景下，基于“低碳经济”理念，2007年英国交通部发布了《低碳交通创新战略》，首次提出了“低碳交通（Low carbon transport）”概念，并提出了未来英国低碳交通的发展战略和低碳交通技术的发展方向。在此之后，低碳交通理念在全球快速传播，受到世界各国的普遍欢迎和重视，各国政府将发展低碳交通作为发展低碳经济的重要组成部分，着手布局低碳交通发展战略。日本、美国分别于2008年、2009年就低碳交通的发展提出发展规划。为紧跟国际形势，我国交通运输部于2010年组织了各大交通科研机构开展了重大专项课题研究《建设低碳交通运输体系》。基于该研究成果，2011年交通运输部正式发布了《建设低碳交通运输体系指导意见》，明确了低碳交通的发展方向。为有力推进工作，2012年，交通运输部将交通运输节能减排、低碳发展和环境保护的职能进行整合，进一步理顺了工作体制、机制，并于2013年、2017年分别发布了《加快推进绿色循环低碳交通运输发展指导意见》和《关于全面深入推进绿色交通发展的意见》，坚持加快推进绿色交通发展服务交通强国建设，并提出到2020年基本建成绿色循环低碳交通运输体系的发展目标，标志着我国低碳交通发展进入了快车道。

低碳发展，是指在确保社会经济保持持续并稳中求进发展的前提下，尽可能降低发展过程中产生的二氧化碳等排放量。低碳发展的最终目的仍然是要实现发展，只是在发展的过程中要求走低碳之路，这是一种着眼于长远利益的发展道路，也是在当前全球环境形势下追求可持续发展的必经之路。

关于低碳交通概念，国内外尚未形成一个统一的定义。综合国内研究可发现，低碳交通是指通过采取一系列低碳化的发展措施，减少交通能源消耗和碳排放量，实现交通行业与经济、社会、环境的协调发展，其内涵具体包括以下三个方面。

一是低碳交通是人类为应对全球气候变化和解决人类生存面临的全球变暖问题而提出的一种全新的交通发展理念，其目的是打造资源节约型、环境友好型、可持续发展的低碳交通体系，为城市经济社会发展、人民生活和企业生产提供安全、便捷、高效、舒适的交通运输服务。其核心内容是优化运输结构，提升低碳技术和发展低碳能源，减少交通碳排放量，降低交通行业对生态环境的影响。

二是低碳交通是一项复杂的系统性工程，是将低碳发展理念运用到交通发展的各个环节，涵盖公路、水运、铁路、航空、港口、城市交通等各个领域，包括建设、运营、维护、管理、技术、消费等各个环节，从而实现交通体系的低碳化发展。

三是低碳交通发展实现的途径是多样化的，一方面通过低碳政策制定、交通结构调整、低碳技术创新、低碳能源发展、低碳消费方式等多种途径实现，为低碳交通发展创造良好的环境和氛围；另一方面通过积极引导交通企业形成一种低碳化的交通运输方式和生产方式，实现交通行业发展的主动性减碳。在城市和交通发展的不同阶段，应采取不同的重点实施措施，才能达到最佳的减碳效果。

低碳交通的特性主要体现在系统性、依赖性、互补性和依存性四个方面，对其特性的准确把握有助于准确把握其内涵。

1.系统性

交通系统作为生态系统的一部分，符合生态系统的基本性质。同时，交通是一个由多种要素综合而成的大系统，包括各种交通方式、交通基础设施、交通能源、交通标准、交通政策等。如交通方式间的物流无缝衔接和客运零距离换乘的系统设计是低碳交通的表现，既涉及交通基础设施，又涉及客流、货流组织。任何一个要素、环节出现问题，交通系统的碳排放都会增加。只有各个要素、环节都实现了低碳发展，才能真正建立起低碳交通体系。

2.依赖性

交通本身只是实物流、资本流、信息流等的载体，为了满足生产性和消费性的交通需求。交通领域碳排放形势很大程度上取决于能源、技术、制度、需求主体等外部环境。能源供给低碳化、技术发展低碳化、制度低碳化、需求主体特征低碳化等都会引导交通低碳化的发展。同样在城市中，城镇化过程中涉及到基础设施建设，城镇化模式决定了基础设施的规模、布局、技术含量等属性。基础设施在短时间内无法进行大规模改变和提升，只能在局部范围提升和改善，存在着路径依赖性。所以，低碳交通发展的前提是交通基础设施的低碳化供给。若城市空间结构不合理、已有的交通基础设施具有高碳排放的特征，低碳交通的发展则存在着巨大的难度。因此，低碳发展与能源、技术、制度、城镇化发展模式等外部因素之间存在着很强的依赖性。

3.互补性

经济转型的本质是转变发展方式，由粗放型向集约型转变；调整经济结构，由以工业为主向以服务业为主转变。这依赖于科技进步和机制创新。经济的转型发展，促进了交通领域的科技进步和交通工具的革新，为低碳交通的发展提供了动力。而低碳交通的发展，转变了交通领域的发展方式，作为基础性行业，能够极大地促进经济转型。因此，低碳交通与经济转型之间存在较强的互补性。

4.依存性

传统的经济增长理论认为，自然资源是取之不尽、用之不竭的。但是实践证明，自然资源是十分有限的，属于公共物品。低碳交通的环境保护公共性，依赖于人类的生活方式。绿色消费或低碳消费的伦理价值观，将对绿色出行产生明显影响，会强化低碳交通的环境保护属性。而铺张浪费的消费方式（如将购买小汽车作为身份、地位的象征）或大力使用高碳的出行方式，会减弱低碳交通的环境保护效果。因此，低碳交通在很大程度上与人类的生活方式存在着依存性。

四、交通与城市的相互作用机制

城市是一种包含复杂物质要素、社会关系和活动内容的功能体。城市发展包括三大核心要素：产业、空间和交通，三者之间协同发展、互动反馈，产生推动城市发展的巨大合力三要素基本关系示意见图1-1。

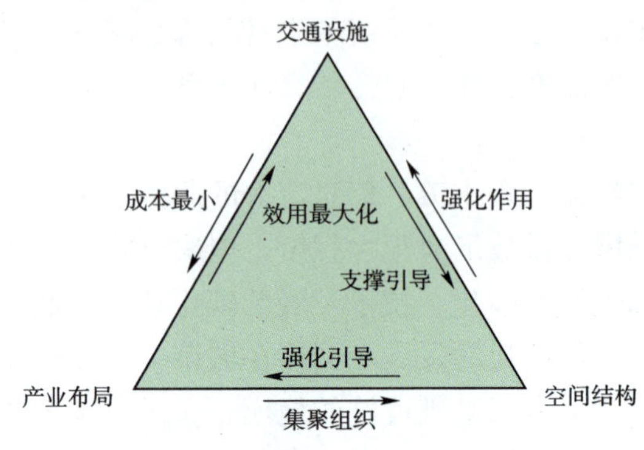

图1-1 三要素基本关系示意图

不同类型的产业在城市空间上的落地会形成不同性质的城市功能体，产业集群发展、产业园区建设又带动了城市空间重组，推动创新型城市与区域创新体系的构建。各种城市功能体的有机组合引导城市形成稳定的空间结构，城市空间重组反过来又会推动产业形态的变革与创新。不同的城市空间结构可以产生不同的交通量，只有城市在发展过程中能确定自身最优的城市空间结构，才能最大限度地减少机动化的交通量，从而减少交通拥堵、空气污染等问题发生。所以，在国家新型城镇化战略下，交通与土地一体化、交通引导产业发展等理念逐步达成共识。构建“交通、产业、空间”三要素协同发展的新型综合交通规划技术体系成为未来我国城市交通发展的重要目标。

德国人文地理学家F.拉采尔曾指出“交通是城市形成的力”。纵观国内外城市的发展史，大量实例都证实了交通对社会经济发展、城市发展和空间布局、人口迁移、产业发展等有着重要作用，主要体现在以下几个方面。

一是交通促进城市经济发展。现代城市的发展必须要有一个与之相匹配的现代化交通体系作为基础。一个与城市发展相适应、相协调的综合交通格局将大大有利于城市经济的持续健康发展，良好高效的城市交通是保障城市经济快速发展及各项活动有序进行的基础，城市交通的发展能大大促进城市经济的发展。因此，城市经济发展与城市交通两者间并不是完全独立或从属的关系，而是一种相互作用、相互促进、相互依存的关系，城市经济的发展则反过来对于城市交通提出了新要求，有利于带动城市交通的改善和升级。

二是交通引导城市空间形态。城市交通与城市空间布局之间也是一种双向反馈的关系。城市交通发展对于城市空间结构的变化产生重要影响，城市空间布局在一定程度上对城市交通发展以及市民对交通方式的选择有着很大影响。通过城市交通的发展，早期放射性扩展之间的空地会迅速发展为新的城市用地，原来呈带状放射性的城市外部形态又向集中性的团状方式发展。中小城市空间的扩展基本上沿着公路干道的方向迅速蔓延开来，后期随着规划政策和交通政策的实施，又会引发出城市郊区化。城市郊区化的扩展使得许多城市的空间形态逐渐呈带状形态发展，如兰州市区东西长度超过30km。

三是交通发展影响人口迁移。影响市民居住选择的因素大致可分为经济发展水平、就业机会、居住费用、出行时间、交通费用等方面。在现阶段，与农村地区相比，城市的就业机会更多，交通的快速发展给出行带来了很大方便，这使很多的农村人口愿意迁往城市，人口迁移的“拉力”不断增强，人口集聚程度不断提高。对于城市居民日常出行，一个城市的中心城区比郊区的优势仅在于其相对居民来说有较少的通行时间和较低的交通费用。居住费用随着城市的发展而发生变化——居住费用增加和居住环境恶化基本上是城市发展的必然，而新开发的城市郊区相比市中心区来说则在居住费用和环境方面占有一定优势。在进入城镇化的中后时期，城市中心地带生存空间日益狭小、交通条件日益恶化以及地价日益上涨。当交通系统得到逐步完善时，交通时间大大缩短且费用可以被承受，居民住址的选择就可能倾向于郊区，城市人口向郊区扩散就又成为必然。通过某种城市范围的划分方法，这种扩散就表现为原来的城市人口规模的缩小。例如，法国巴黎从1900年开始建设大量的地铁、郊区铁路和RER（城市快速运输系统），导致1936~1975年的40年间，在巴黎总人口基本上没有增加的情况下，郊区人口增加了58%，从480万人增加到760万人，巴黎市区人口则从500万人减少到230万人。

四是交通改变城市产业布局。依据经典的产业布局理论，运输条件是产业区位选择和产业布局调整的重要影响因素，运输条件的改变往往直接导致产业布局的改变。随着交通的发展，在区域内建立了发达的交通运输网络，使长距离的商品运输成为可能。围绕着中心城市的腹地，市场开始增长，中等城市和小城市开始出现，工业生产可在不同城市间实现专业化分工，这促进了聚集经济效应的充分发挥，推动了城市向外扩散型发展，更多城市将会出现。增加彼此之间的往来，提高物流效率，承载彼此的经济发展，更好地促进相关城市经济的发展。此外，便利的交通还能够促进沿线地区人口的快速流动，加快地区经济的对外联系，从而带动沿线周围的旅游、餐饮、房地产等第三产业的迅速发展，推动沿线经济的产业结构升级。

第二章　中小城市交通发展现状特征及发展形势

第一节　中小城市交通发展现状特征

一、中小城市发展基本情况

自新中国成立以来，我国的城镇化经历了以下发展阶段：起步发展阶段（1949—1957年）、剧烈波动阶段（1958—1965年）、徘徊停滞阶段（1966—1978年）、恢复发展和快速推进阶段（1979—1992年）、加速发展阶段（1993年至今）。目前，城镇化发展主要呈现出发展进程加快、城市发展布局和结构日趋合理、城市群发展迅速等特征。

1.城镇化进程快，规模庞大

我国城镇化水平大幅提高，城镇人口从1995年的3.51亿人，增长到2017年8.1亿人，增长了131%；城镇化率也相应由29%增长到2017年的58.5%，增长了1倍以上，这相当于每年超过1000万的人口总量从农村向城市转移。我国的城镇化进程在30年里走过了英国、美国等发达国家百年的历程，而且势头不减（表2-1）。

典型国家城镇化率从20%~50%所用时间　　表2-1

国家	英国	法国	德国	美国	日本	中国
年份	1720—1851	1800—1948	1785—1950	1860—1920	1925—1955	1981—2011
耗时（年）	131	148	165	60	30	30

从发达国家的历史经验来看，按照城镇化进程的一般规律，城镇化率在35%~70%是城镇化加速增长期。我国已进入这一快速发展时期，农村富余劳动力向非农产业和城镇转移，城市人口和城镇数量的急剧增长，成为城镇化的显著特征。大城市人口机械增长规模大，但占城镇化人口比例降低近10%，中小城市

成为我国未来20年城镇化快速发展的主要力量。

2.中小城镇发展迅速，影响面广

截至2017年底，中国有建制市661个，其中直辖市4个，地级城市294个，县级建制市363个。4个直辖市常住人口均超过千万，属于特大城市。294个地级市中，190个城市属于中小城市，占比64.6%。363个县级建制市中，除了极个别发达城市的市区人口接近或略超过百万之外，绝大多数县级市市区人口在数万至数十万之间。由于县级市市区人口缺乏统一权威的统计数据，为便于分析和研究问题，将全部县级市归属为中小城市。除建制市之外，全国还有45个地级区划、1596个县级行政区划并非建制市，但这些地区（州、盟）、县（自治旗县、旗）的中心城镇，也已经聚集了相当规模的人口，在基础设施、公共服务等方面与建制市的市区较为接近，中心城镇居民享受着城市化的生活方式，这些中心城镇也可以归属于中小城市。因此，全国中小城市合计2811个，多数中型城市是地级市，小型城市中县级市和非建制市的县级中心城镇占了主体见表2-2。

中国中小城市的构成及其数量　　表2-2

类别	地级建制市	非建制市的地级行政区划的中心城镇	县级建制市	非建制市的县级行政区划的中心城镇	相对独立发展的市辖区（含乡镇的市辖区）	合计
数量（个）	190	40	363	1526	692	2811

注：数据来自《中国中小城市发展报告（2018）》。

截至2017年底，中小城市直接影响和辐射的区域，行政区面积达934万km^2，占国土面积的97.3%；总人口达11.77亿人，占全国总人口的84.67%。2017年，中小城市及其影响和辐射的区域，经济总量达70.24万亿元，占全国经济总量的84.92%。

从全国范围看，我国中小城市数量多，正处于转型期，未来中小城市数量仍然较大。2010年中央“一号文件”提出要把加强中小城市和小城镇发展作为重点。未来20年内，中小城市是新型城镇化的主要载体，中小城市将成为提升城市化质量、推进城市化加速发展的主要战场。按照《国家新型城镇化规划（2014—2020年）》，到2020年，常住人口城镇化率将达到60%，届时全国将有8.37亿人生活在城镇中，新增1亿左右的农业人口和其他常住人口将在城镇落户。

在大城市严格控制人口规模的情况下，广大中小城市将担负我国未来城镇化主要载体的历史使命，中小城市面临的可持续发展压力不断增加。

3.城市群发展较快，规模效应凸显

城市群是我国新型城镇化的主体形态，也是拓展发展空间、释放发展潜力的重要载体，还是参与国际竞争合作的重要平台。与单一的城市相比，城市群既可以广泛进行专业化分工和协作，充分发挥规模效益，又可以有效降低特大城市的交通拥堵、环境污染等问题。

党的十九大报告提出，要以城市群为主体构建大中小城市和小城镇协调发展的城镇格局。这无疑进一步明确了我国未来城镇化的路径和方向，也为解决我国不平衡不充分的发展问题开出“一剂良方”，有利于促进区域平衡、城乡平衡，补齐中小城市和小城镇发展不充分短板。中等城市应通过发挥自身优势，吸引大城市的产业转移。未来一定时期内中小城市将面临更多的发展机遇。

4.城市发展水平不平衡，东部高西部低

从总体上看，我国东部城镇化水平较高，而中西部地区较低；城镇化速度的差距不断扩大。东部地区经济水平较好，交通便利，对外贸易活跃，海上条件优越，资源丰富，劳动力充足，气候温和，思想对外开放，并形成了长江三角洲、珠江三角洲等大的城市群，也带动了中小城市的快速发展，如江阴、义乌等。而西部地区深居内陆，经济水平一般，交通相对不便，资源开发难度大，自然环境恶劣，思想比较保守。所以，东西部城市之间随着社会经济的快速发展差距越来越大。在由经济指标、社会指标、环境指标、政府效率指标为主要评价指标的科学发展水平来看，东部地区科学发展指数最高，领先于中部地区和西部地区，差距十分明显。

5.城市类型多样，模式逐渐形成

依据不同的划分标准，城市可以分为不同的类型。据地理环境划分，城市类型可以分为平原城市、山地城市、高原城市、海滨城市、森林城市等。按照城市功能划分，可以分为工业城市（如东营、枣庄等）、交通枢纽城市（如嘉峪关、石家庄等）、港口城市（如连云港、宁波等）、省和地区的中心城市（如郑州、济南等）、县城和特殊职能的城市。特殊职能城市包括革命纪念地（如井冈山、遵义等）、风景游览城市（如桂林、泰安等）、商业贸易（如义乌、泉州等）、边际城市（如二连浩特等）、特区城市（如深圳、珠海等）。依据城市形态划分，可以分为团状城市、带状城市、组团城市等；按照城市发展模式分，可以分为大城市周边的重点镇（燕郊、荥阳、太仓），具有特色资源、区位优势的小城镇（义乌、虎门），远离中心城市的小城镇和林场、农场（乌海、忠县、嘉峪关）等。

城市形态是城市空间结构的整体形式，是城市内部特征和空间布局的综合反映，由此形成了不同的城市发展模式。据调研分析，我国城市发展在其漫长的历史演变过程中出现以下三种模式。

一是独立型城市发展模式。独立型城市发展模式主要是指在特定的空间范围内的城市之间相互联系不紧密，社会、经济、交通等交流活动较少，经济联系薄弱，单体的城市大都在相对封闭的环境中独立发展，如那些远离大城市或具有特色资源的中小城市。这种发展模式在不同的城镇化发展时期都存在。

二是依附型的发展模式。依附型发展模式是指城市之间的经济联系密切，但是两者之间关系是不平等的，是主从关系、依赖与被依赖的关系。依附性城市发展模式主要在近代所形成，如在长三角、珠三角、成渝等城市群中或大城市周边都有大量的依附型的中小城市。

三是互动共生型发展模式。互动共生型发展模式是指城市之间是有机结合的关系，强调优势互补、互惠互利、长期协作、共同发展的平等关系。这种发展模式是在我国快速的城镇化过程中正在形成和将要发展的一种新的模式。

二、城市空间发展形态特征

中小城市的土地利用模式同大城市截然不同。大城市土地开发强度大，综合功能完善；中小城市的土地开发强度一般比较低，建筑密度也较低，即便是开发强度较高的地区功能也比较单一，而且很多用地富余的城市片面追求建设新城区或经济技术开发区以扩大城市建设面积，开始“摊大饼”式的城市用地发展模式。而受到自然环境限制，建设用地资源紧缺的中小城市，城市发展格局才会呈现出群组形态。实践表明，中小城市的开发密度过低不利于公共交通的运营，开发密度过高又会引起客流过于集中，降低公交服务水平。

城市空间结构发展的主要影响因素包括：城市本身的特殊历史背景、性质、经济水平、规模大小、区域基础、地理条件、环境资源条件等。因此，根据自然地理状态、历史发展背景和经济资源分布状况，大体可将中小城市的空间结构形态划分为三大类。

一是分散组团结构类型（图2-1）。此种形态多因受天然或人工分隔物（如铁路、河流、山川等）等自然因素或人为因素的作用而形成。各组团一般有各自的中心区，彼此功能相互对立，城市建设放到很小的单元内，对城市发展的控制力较弱，通过交通走廊彼此联通，一般在中小城市中此种形态并不多见。

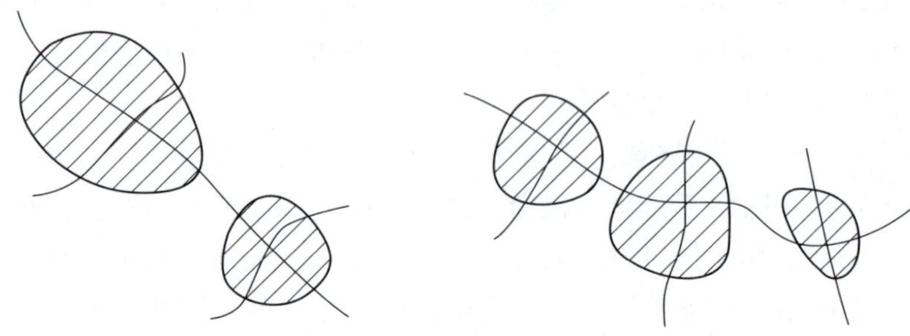

图2-1　分散组团结构类型

二是集中区域结构类型（图2-2）。此种形态的几何特征通常为较规整紧凑的区域状（或团块状），城市高度集中，中心区和外围功能区组成单中心的紧凑用地，对发展的控制水平较强，按照中国古代典型的四方形规划思路建立的古城及未受地理影响的中小城市多呈此空间形态。城市交通集中在中心，随着城市不断向四周扩展，主要的机动交通则趋向于集中到一定数量的主要线路上，从而较易形成环形加放射状的路网特征，此种形态在中小城市中占主体。

三是连片带状结构类型（图2-3）。此种形态一般呈带状几何特征，是由于城市沿交通轴线或河流走向而形成。城市中心区和外围功能区连片向两侧拉长，用地拓展与交通流的方向性关系极强，一般通过控制交通线路的长度和节点来对城市发展施加影响。过境道路往往是城市的主要通道，市内交通与过境交通混合分布，交通效率相对单中心城市形态较高。人口密度一般沿着交通线呈带状均匀分布，交通节点处密度较高，大多数沿交通枢纽发展起来的新兴中小城市多属此类。

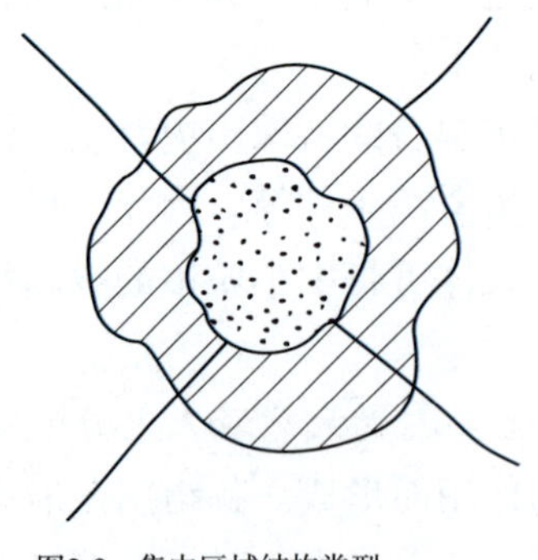

图2-2　集中区域结构类型

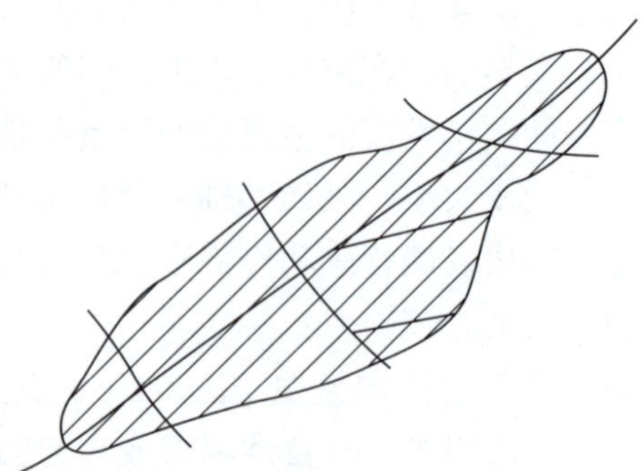

图2-3　连片带状结构类型

三、城市道路网发展模式

从可持续发展的角度看，中小城市正处于路网发展初期，建立一种适合自身可持续发展的模式至关重要。由于具有不同的社会经济、自然地理等条件，道路网系统会发展成不同的形态，一般分成方格网式、环形放射式、自由式和混合式四类（图2-4）。

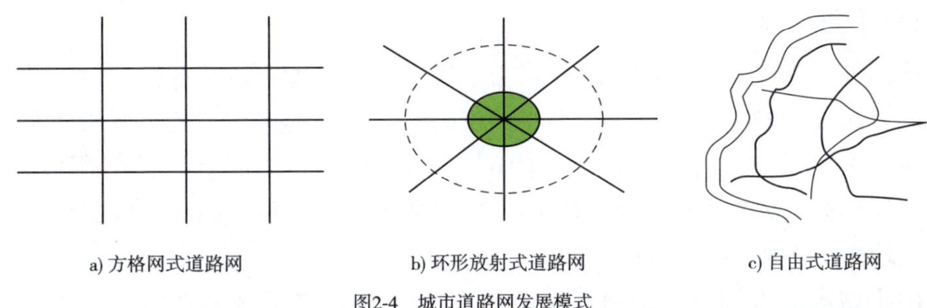

a) 方格网式道路网　　b) 环形放射式道路网　　c) 自由式道路网

图2-4　城市道路网发展模式

1990年以来，我国中小城市普遍进入快速建设发展阶段，与大城市相比，中小城市在用地结构上，居住用地比例较大，道路交通设施用地比例较小，对外交通用地比例均低于全国平均水平。从城市用地布局来讲，目前，我国中小城市呈现出建设用地布局不够紧凑、功能结构不明确、建设密度较低的特征。在城市道路方面，中小城市道路里程越修越长，道路等级越来越高，极大地方便了居民的生产生活。但总体来讲，交通基础设施规模较小，中小城市交通基础设施建设滞后于城镇化、机动化的发展，交通发展与城市功能布局不够协调，主要表现为中小城市的城市道路网规模（道路长度及道路面积）较小，城市道路密度较小，路网结构和道路性质不明确，市民交通意识不强，在人均拥有量方面，人均道路面积、人均道路长度均低于大城市，道路占压多。中小城市主干路密度一般为$1.3 \sim 1.7km/km^2$，次干路密度一般为$0.3 \sim 1.4km/km^2$，支路密度一般小于$1.6km/km^2$。

中小城市老城区建设时间早，支路网、街巷道路占比高，占比约为40%~45%；新城区道路级配主要由主次干路组成，支路占比仅为10%~15%。新老城区道路等级级配的差异反映交通组成差异性，老城区主要为公交和慢行交通，新城区主、次干路网发达。

四、城市交通的发展现状及主要特征

经过几十年的努力，我国中小城市的城市交通得到了快速发展，形成了人均出行次数较高、出行方式多元化等主要特征。

1.人均出行次数较高，出行距离短

出行次数主要反映居民出行强度和需要。全部居民的出行次数之和即为出行总量。出行总量是城市交通系统承受能力限度的基本量度指标，其与城市人口规模的比值为人均出行次数。一般来说，出行次数的多少与出行目的、城市规模、城市布局、生活方式、工作方式、家庭经济状况、交通设施、通信设施、城市环境质量等因素有关。

国内外城市居民出行调查结果表明，居民人均出行次数基本在2.2~3.4次/d之间，而且居民人均出行次数呈现出小城市高于大城市的规律，通过调研证实了这一规律，主要原因是大部分中小城市中午也有通勤出行的需求，部分调研城市的居民人均出行次数在2.7~3.4次/d之间。随着居民生活质量提高，弹性出行次数增加，人均出行次数还会增加。

中小城市的平均出行距离较短（图2-5），但新老城区呈现出不同特点。在老城区，出行方式主要为公共交通和慢行交通，出行距离较短。在新城区，一般主、次干路网发达，在居民出行方式中私家车比例明显上升，出行时间和出行距离较长。

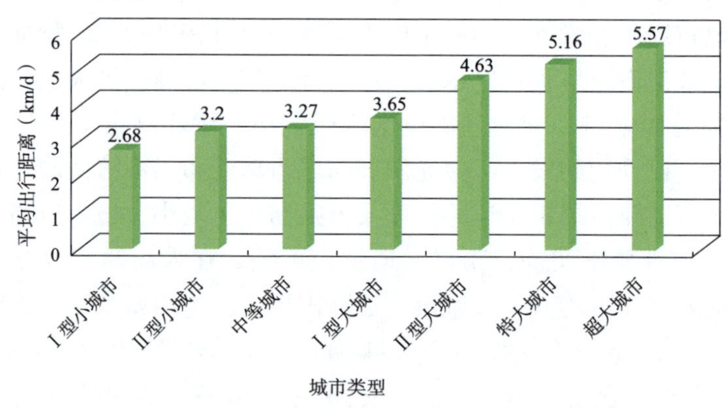

图2-5 不同类型城市的平均出行距离

2.机动化水平发展快，东西部发展差距较大

随着社会经济的发展，居民收入不断提高，私人小汽车正在快速步入家庭，私人小汽车的年均增长速度约为10%~20%，造成近几年私家车的出行比例增长远高于公共交通的发展速度。以长治市为例，截至2017年底，私人小汽车保有量达44.3万辆，2013—2017年，近5年时间私人小汽车年均增长率超过12%，而市区

出租车和公交汽车数量基本保持不变（图2-6）。在全国范围内，类似长治市这种发展态势的中小城市十分普遍。在城市交通系统中，长治市、奎屯市私人小汽车保有量（图2-7）的增长速度远高于公共交通的发展速度，这是造成城市交通拥堵、空气质量降低的重要原因。

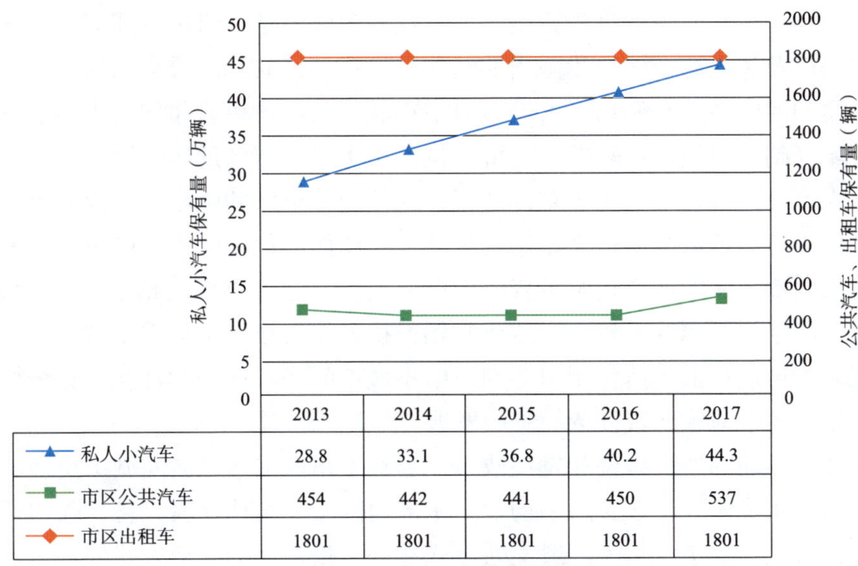

	2013	2014	2015	2016	2017
私人小汽车	28.8	33.1	36.8	40.2	44.3
市区公共汽车	454	442	441	450	537
市区出租车	1801	1801	1801	1801	1801

图2-6　长治市2013—2017年各类车辆保有量发展变化

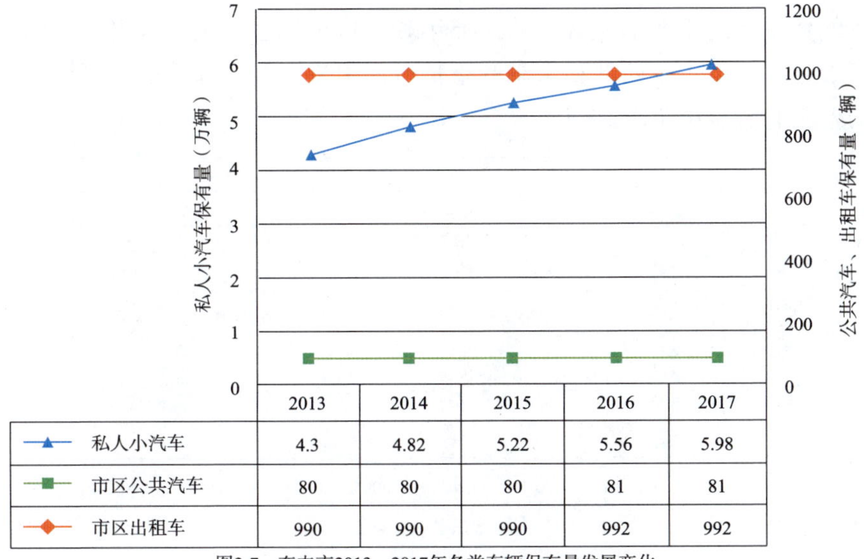

	2013	2014	2015	2016	2017
私人小汽车	4.3	4.82	5.22	5.56	5.98
市区公共汽车	80	80	80	81	81
市区出租车	990	990	990	992	992

图2-7　奎屯市2013—2017年各类车辆保有量发展变化

在我国，东西部地区的社会经济发展差异显著，自然环境明显不同，城市发展理念、发展模式及城市交通的发展也不尽相同。东部地区的城市经济发展速度迅猛，自然环境较好，城镇化发展快，人口密度快速提升。而且东部地区城市化的特点是大中小城市协同发展，形成了一个个城市群、都市圈的格局。其中，珠江三角洲和长江三角洲最为典型，如长江三角洲包括上海市、江苏省南部、浙江省北部以及邻近海域，是我国当前经济最发达、开放程度最高的地区之一，其各城市之间的联系非常密切，大城市对中小城市的经济辐射作用较为明显。西部地区地域辽阔，自然环境较差，经济区位处于劣势。西部地区的城镇体系结构不合理，大城市的数量远远少于东部地区，这使西部地区的中小城市没有迅猛发展的经济作支撑，且缺少周边大城市的带动，因此西部地区的中小城市大都发展滞后，造成西部地区的城镇化水平普遍较低。而且，由于西部地域广阔，大城市与中小城市的空间距离普遍较大，造成其辐射扩散能力难以到达中小城市。这样大城市就未能通过扩散传播作用引导周边中小城市的经济活动和社会文化结构的转换，以促进整个地区区域社会经济的发展。

因此，不同的发展条件和发展政策，导致了东西部地区之间城市交通的结构差异和发展水平差异。在交通结构上，东部地区交通结构比较完备，除步行、自行车、公共交通、小汽车等一般交通方式之外，投资大的交通方式如轻轨等也有所发展；在发展水平上，东部地区城市民用汽车保有量比较大，如摩托车、家用汽车等的数量上高于西部地区。从2005年和2017年的数据比较得出，东部地区的摩托车数量在减少，东西部私家车的增长量都很快，但东部比西部更快，东西部之间的差距有所减小（图2-8）。

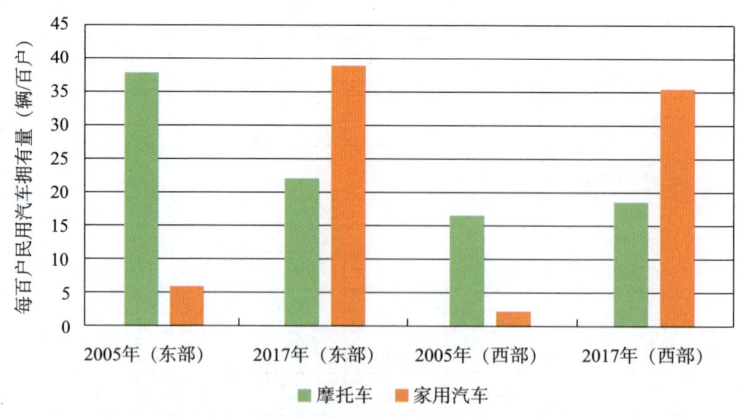

图2-8　东西部城镇居民家庭平均每百户民用汽车拥有量

3.出行方式多元化，出行特征显著

同样的城市出行总量，不同的出行方式结构对城市交通系统的要求有很大的差异。出行方式结构与各种交通方式的特性和服务水平、城市形态、用地布局和交通管理政策等有关，其具有如下主要特征。

1）出行结构多元化

通过城市调研发现，目前中小城市机动化交通方式占总出行方式的14.7%~46.6%，交通机动化水平快速升高，但总体仍处于较低水平，出行方式多元，包括摩托车、电动自行车、小汽车、公交车等。在出行方式中，慢行交通出行方式占主导地位，出行比例约60%~80%（图2-9）。然而，根据其他国家和我国部分大城市的经验，如果政府不做一些政策的重大调整，任由私人小汽车继续快速发展，中小城市的慢行出行未来将面临逐渐萎缩的局面。

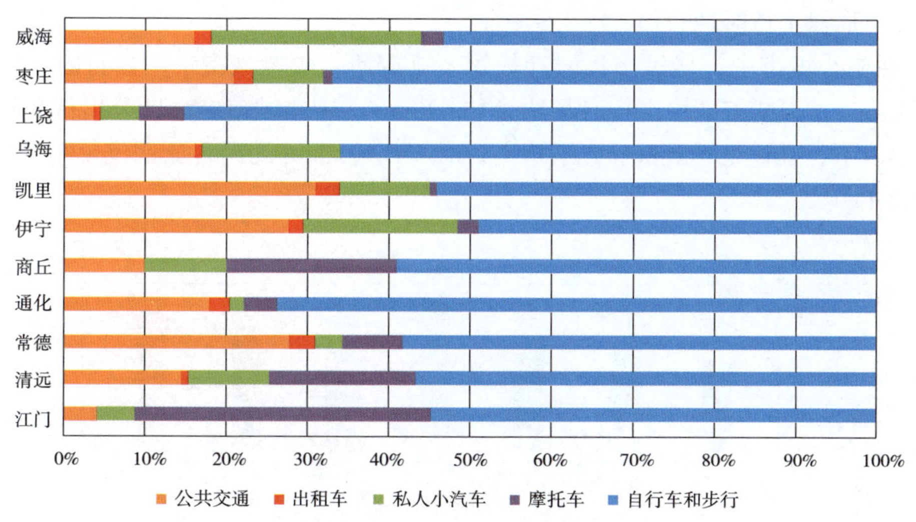

图2-9　部分中小城市的交通出行结构

2）通勤、通学出行是关键

在我国中小型城市的基本出行中，通勤、通学的出行比例占总体出行的74%~87%，且与大城市相比，中小城市有早、中、晚3个高峰，这都属于刚性出行，是中小城市居民出行目的的主体，弹性出行比例相对较低。因此，处理好居民早晚高峰的通勤、通学出行是中小城市解决当前城市交通发展问题的关键（图2-10）。

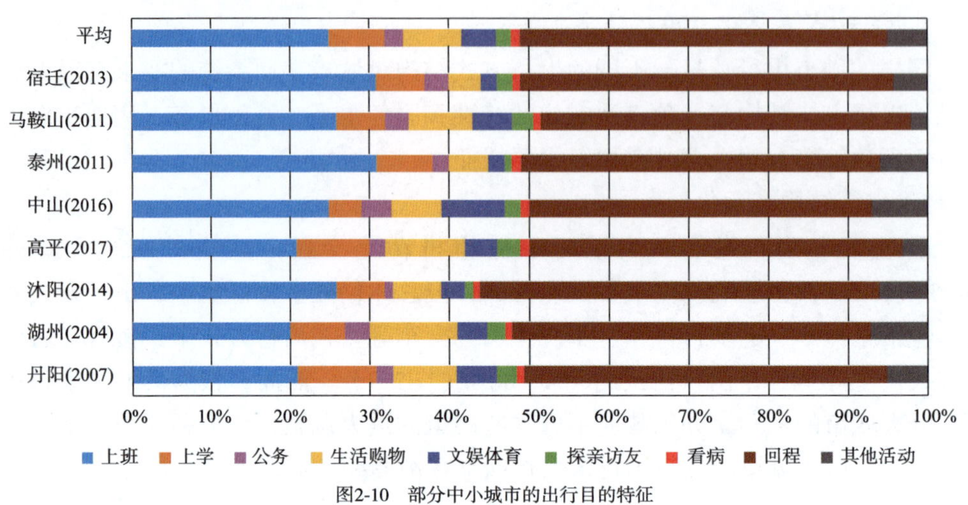

图2-10 部分中小城市的出行目的特征

3）居民出行时耗较短

在中小城市中，居民出行时耗较短。据调研，中等城市平均出行时耗约为17~25min，小城市平均出行时耗约为15~20min。中小城市绝大部分出行时间在20min以下，其比例达到80%，平均出行时间超过30min的出行比例仅仅小于10%（图2-11）。

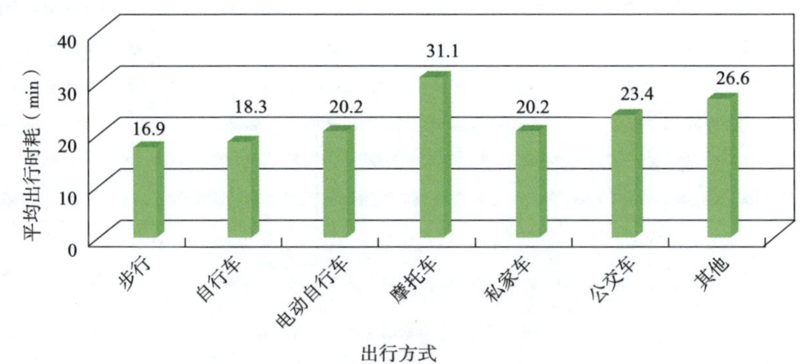

图2-11 部分中小城市的平均出行时耗特征

4）居民出行相对集中，高峰时间较短

通过部分城市调研发现，中小城市居民出行时间高峰主要集中在早高峰（7:00~8:30），午前次高峰（11:00~12:00），午后次高峰（13:00~14:00）和晚高峰（17:00~18:00）（图2-12）。与大城市相比，由于中小城市出行距离和出行时间短，很多城市居民有午休习惯，午高峰的出行特征非常明显。

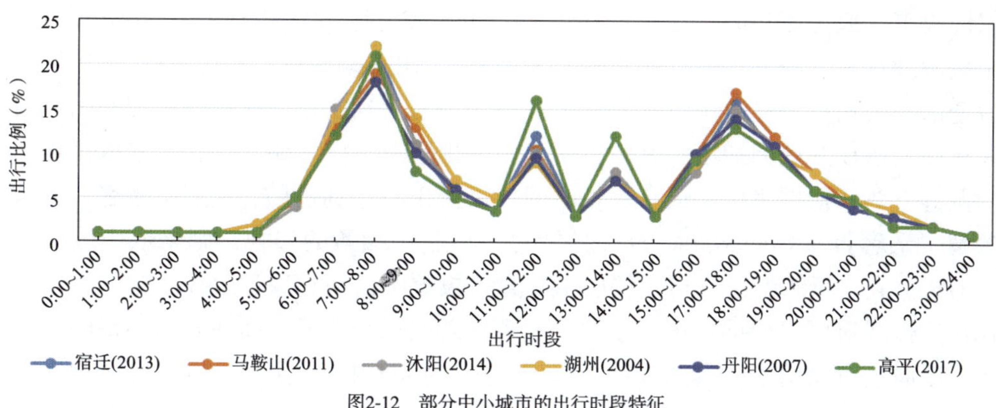

图2-12　部分中小城市的出行时段特征

4.公共交通发展较低，服务能力有限

从“十一五”到现在，伴随着国家公交优先发展战略和城乡客运一体化推进，中小城市越来越重视公共交通的发展，公共交通发展加快，车辆更新速度加快，服务水平也有了明显的提升，但与大型城市相比，总体处于较低水平，对城市空间结构优化支撑力度有限。

在中小城市中，城市公交主要集中在主城区，外围区域覆盖不足。城市公交平均出行比例仅为5%~15%；可达性较低，公交300m站点覆盖率为50%~70%；中等城市公交线网密度约为2.4~2.6km/km^2。一般对于中小城市而言，其经济水平、城市规模等因素并不足以建设轨道交通，中小城市公共交通基本以常规公交为主，部分组团式发展的城市建设了快速公交系统（BRT）。如枣庄市，截至2015年，共开通8条快速BRT线路，BRT通车总里程达148.5km，成为全国最长的BRT线网。宜宾市也规划建设9条BRT线路来连接不同组团，形成了城市的主要交通走廊。

5.出租车行业蓬勃发展，运营服务水平有所提升

全国各中小城市都有出租车运营，随着中小城市对外经济活动的增多，出租车行业得到蓬勃发展，运力不断增加，出租车在城市交通中起到越来越重要的补充作用。通过调查，中小城市出租车出行分担率平均达到了1.8%。

在出租车运营管理方面，目前中小城市政府对出租车行业的管理，主要从准入管制、运营模式改革、数量控制3个方面着手。比如，延安市原本有453辆出租车均是个体挂靠的经营模式，为提升运营服务水平，在2013年1月延安市对出租车行业进行了资源整合，提出了收购（按每车每年6万元，分5年总计30万元予

以回收）、股份制经营（车辆产权属于公司，股份比例公司60%，个体40%，每年按股分红）、经营指标承包（承包期限5年，出租车产权归公司所有，5年期满后全部归公司自主经营）三套方案。在整合之后，延安市交通运输管理部门针对火车站、机场等地因拥堵、客源少而出现的出租车不愿去跑的现状，采取排班、抽调等方式，根据飞机、火车到站时间点安排出租车到机场、火车站接客，有效缓解了乘客打车难的问题。定边县针对“黑车”猖獗的问题，则采取由政府控股51%，成立新的出租公司，将出租车直接投放给公司，通过个体承包的运营方式，这样政府可以根据市场对于运力的需求随时增减车辆，而在效益不高的情况下，政府还可以给予一定的补贴。这样，定边县城内的“黑车”基本完全被正规出租车挤掉了。

“互联网+”与共享经济的到来，也盘活了中小城市的出租车行业，大部分中型城市和发达小城市都出现了网约出租车这一新业态，对传统的出租车行业带来一定的冲击，但目前城市政府在市场准入等方面的管控，都还比较宽松。

6.慢行交通出行比例较高，出行环境比较复杂

由于中小城市面积相对较小，出行距离比较短，步行、自行车等慢行交通在出行方式中占很大优势。通过2013年我国不同规模的城市步行和自行车出行分担率比较，可以看出，在100万人口以下的中小城市慢行交通分担率在60%左右（图2-13）。此外，由于中小城市拥有自行车、电动自行车或摩托车的家庭数量较多，所以自行车与电动自行车出行的比例相对较高，并且在一些中小城市摩托车等其他机动车出行也占有一定比例，如上饶市电动自行车出行比例占到34.7%，而江门市摩托车出行比例占36.4%。

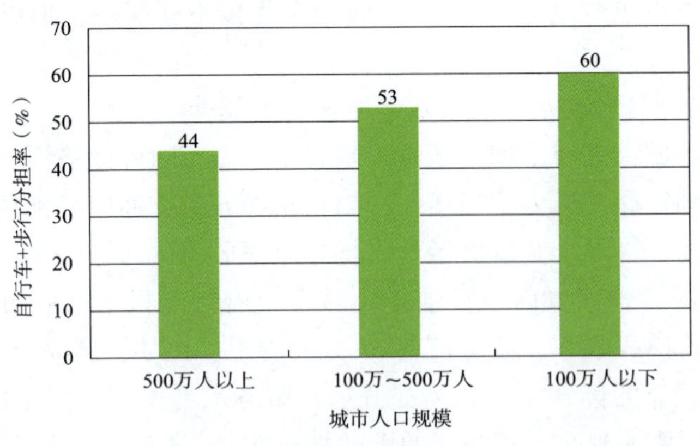

图2-13　不同规模城市慢行交通分担率

经过多年的发展，多数中小城市建立了以自行车、电动自行车和互联网租赁自行车（网约自行车或共享单车）相结合的自行车出行体系。目前，互联网租赁自行车的发展模式分为三种：无桩式（无桩式+移动互联网）、有桩式（有桩+办卡/移动互联网）和混合式。

由于中小城市交通车辆的构成与大城市相比较为复杂，混合交通现象突出，造成慢行交通出行环境比较差。虽然中小城市的道路交通也是以公交车、私家车、电动车、自行车为主，但除此之外，还有摩托车、机动三轮车、人力三轮车、拖拉机、甚至畜力车等。由于中小城市部分道路没有设置专门的非机动车道，导致机动车与非机动车混行严重，存在较大的安全隐患。在中小城市城区的部分干道上，机动车、非机动车、行人同时出现在一条车道上，白天经常可以看到垃圾车、建材车、农用三轮车、载货汽车等同时出现在城区道路上。

五、城市交通发展存在的主要问题

1.交通发展定位模糊，缺乏顶层设计

目前，国家的大交通运输体系规划建设往往优先考虑重点区域和超、特大城市的发展需要。中小城市在发展中逐渐被边缘化，加上中小城市普遍缺乏顶层设计，管理上各个部门各自为政，缺乏前瞻性、整体性和连续性，造成了中小城市发展方向不明、路径不清、有限财政利用低效、模式粗放、与大城市同质化发展问题严重的局面。

与之直接相关的中小城市交通发展同样面临着路径不清的问题，当前，我国中小城市交通呈“两个极端”发展态势，一部分中小城市在发展过程中一味学习特大城市、大城市的发展经验，过分强调提高机动化能力，超前发展交通，大规模建设高架、地铁、快速路，过分强调提高机动化能力，重蹈大城市交通发展覆辙，缺乏差异化、特色化的交通发展，导致中小城市涌现出拥堵等现象；另一部分中小城市不重视交通发展，交通运输结构单一、基础设施建设缺乏，不能满足社会经济发展需求和市民基本出行需求。

另一方面，我国数量众多的中小城市普遍存在着规划体系不完备、重要规划编制不及时、规划与建设相脱节、规划落地无保障、规划后期落实监督不足等问题，其主要原因是中小城市规划编制经费不足，规划编制水平、专业性人才较少，技术研究力量不足，政府管理理念、技术水平落后以及监督保障机制不健全等。

2.交通基础设施结构单一，交通运行效率低下

通过对部分中小城市的调研发现，城市道路建设相对于城市化和机动化滞后许多，普遍存在道路建设不规范、城市道路系统尚不完整，断头路多、街巷狭窄、路况较差、道路设施缺乏、路权未实现机非分离等问题。城市的交通压力主要集中在几条城市干道上。过境交通频繁地穿越城市内部，与市内出行相互交织，降低了道路通行能力，同时出现了行车难、停车难问题，具体体现在以下两个方面。

（1）路网结构功能不明确，道路布局合理性有待提高。

近些年，许多中小城市都追求建设宽阔的主干道和环城快速路，其他道路相对狭窄，间距又不均匀，造成城市交通系统的失调。中小城市的交通在发展过程中与大城市相比，道路规划建设方面更为不足，大都表现为主干道建设超前，但支路系统的建设却没有跟上。一方面是因为在城市规划和交通规划方面的投入不足，使得规划远远落后于建设，甚至有些中小城市没有规划；另一方面是因为早期中小城市人少车少，因而其交通发展建设初期仅考虑了当时的交通条件，而未从一个动态发展角度来考虑道路建设的问题。

路网结构缺乏明显的功能划分，路网系统不完善，有的中小城市没有从道路类型上区分交通性道路（主干道）、集散性道路（次干道）、生活性道路（支路）和商业性道路。目前有很多中小城市公共设施主要分布在旧城区中。城市区域交通的主流方向交通流过于集中，分流能力差。由于道路性质不明确，因此现有道路中主干道、次干道和支路的比例难以确定，《城市道路交通规划设计规范》要求主、次干道和支路比例宜为1：2.2：3，呈现金字塔形式，但很多城市确是呈现“倒三角”型或“纺锤”型，导致交通供需功能错配、运行效率低下。

由于中小城市道路网密度低且结构不够合理、道路设施供给与交通需求不匹配、混合交通严重、平交路口通行能力不足、现有道路的几何结构与车道划分等存在许多不适应交通流的状况。

（2）城区停车供给严重不足，对城市交通干扰较大。

中小城市公共停车位数量过少，路边停车现象严重，静态交通对道路交通干扰大。从调研城市来看，城市停车位数远不能满足机动车停车需求，这会对未来中小城市的发展造成很大的影响。如南平市、长治市小汽车拥有量均超过17万辆，但两市的公共停车位仅为1263个和6887个。大量机动车由于没有规范的停车位而随意停放在路边，占用道路资源，影响道路车辆通行，机动车通行受阻转而侵占非机动车道，导致非机动车出行得不到正常的安全保障，绿色出行比例不断降低，因而又反过来增加私家车出行需求，交通拥堵将会更加严重，如此造成恶性循环。

3.私家车主导的交通增长模式导致交通拥堵凸显

随着社会经济的快速发展，中小城市的机动化水平也迅速提高，尤其是私家车呈现出“井喷式”发展的特点。以河北省为例，在2016年部分中小城市中，除承德外，其他城市的机动车保有量均超过30万辆（图2-14）。在2014~2016年间，这些城市的私家车保有量年均增长率均超过20%，交通拥堵已成为居民日常抱怨的重要话题。在机动车出行管理方面，除京津冀周边的中小城市在严重雾霾天气实施尾号限行之外，其他地区的中小城市基本上还未实施常态化的机动车限行、限号等措施，这意味着发展速度不会降低。

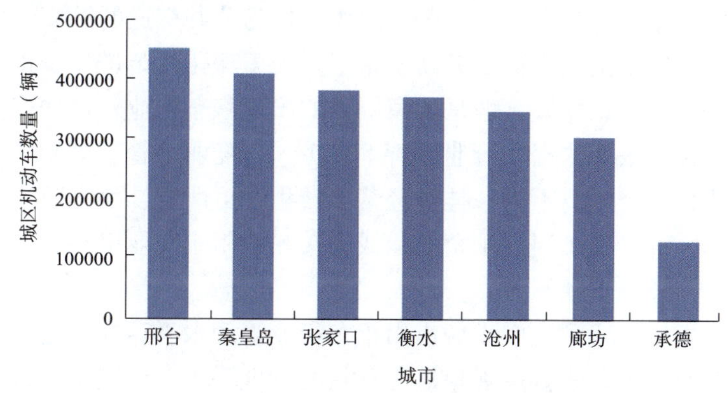

图2-14　2016年河北省部分中小城市机动车保有量

与此形成鲜明对比的是，由于中小城市资金、政策、历史等各方面的原因造成城区道路建设与道路交通安全设施配套建设速度远远滞后于车辆的增长速度。多数情况是，很多中小城市旧城区道路资源极其匮乏，旧城区的街道、道路宽度普遍狭窄，有些很难实现双向通行汽车，由此导致中小城市内部的通行速度不断下降，交通拥堵造成的能源消耗量和污染排放量增加，同时又造成了出行成本增加。

4.公共交通服务能力有待进一步提升

近年来，随着国家和交通行业的重视，我国城乡客运一体化工作的推进，中小城市公共交通发展取得了较为显著的成效，但在部分地区，公共交通的服务能力仍然需要进一步加强。

中小城市居民日常出行范围通常较小，平均出行距离较短，以自行车、共享单车、摩托车为主的个体交通优势明显，但公共交通服务水平整体偏低，主要表现为：线路较少且主要集中在几条主要干道上，站点覆盖面积小；发车班次少，候车时间长。公交线网密度、站点覆盖率、正点率、市民满意度、装备的低碳水平等指标与大城市相比存在一定差距。因此，居民选择公共交通出行的比例也较低。但是，由于中小城市低收入市民所占比例较大，现阶段仍是无车族相对较多，公共交通潜在需求较大，公共交通建设与服务水平还有很大提升空间。

另外，由于很多中小城市在空间布局和土地利用方式上盲目照搬大城市的模式，纷纷开发建设新城区，新、老城区之间交通需求联系紧密，交通流量大，连接通道交通压力较大，造成部分路段的局部拥堵现象。

5.出租车行业的组织管理有待进一步加强

出租车立法滞后，管理体制不明。出租车作为公共交通的补充，出租车运营行业监管立法滞后，交通运输部最新发布了《关于深化改革进一步推进出租汽车行业健康发展的指导意见》，但是国家层面的出租汽车行业管理法律法规仍未出台，市场监管缺乏法律依据，行业监管手段少，力度弱。管理体制不明、发展目标不明确，政企事企分离不力、挂靠经营、转租许可严重，地方政府主管部门或者下属事业单位直接办出租汽车企业，或间接在出租车企业里有单位或者个人股份，导致政企不分、管理不力。

与大城市相比，我国的中小城市出租车行业管理水平存在一定差距。对“黑出租”“黑摩的”等非法营运现象缺乏有效的管理手段。传统出租行业信息化管理手段较低，空驶率比较高，加之从业人员素质参差不齐，宰客、拒载、合载、违法驾驶、不打表、计价器不规范等不文明行为时有发生，大大降低了市民的满意度，也加大了管理部门的管理难度。因此，出租车行业在提高信息化管理、强化从业人员服务意识、提高服务质量方面有待提升。

6.交通违规现象比较突出

我国中小城市，尤其是一些县城，交通违规现象比较突出。一方面，由于道路功能划分不明确，路段乱停车现象普遍，机动车和非机动车混行，各种车辆在城市道路上杂乱无章的现象在中小城市更为严重，导致中小城市道路交通时常呈现出较为混乱的局面，严重影响道路交通的安全和畅通。另一方面，中小城市的市民在文化知识素养、文明出行理念、交通法制观念等方面与大城市的市民有一定的差异。不按规则行驶、横穿马路、过斑马线不看红绿灯、人车混行、占道经营、随意停放机动车等现象较为普遍，动静交通互为干扰。此外，有些交通参与者违法行为与交通岛的大小、位置不合理以及过街天桥、地下通道、斑马线等交通设置和交通标志的设置不合理也有极大关系。加之在交通组织和管理方面重视不足，违规现象严重，尤其在人口与建筑密度大的老城区，造成交通拥堵程度较高。

中小城市由于缺乏合理的交通规划战略，多数城市又缺少充足的资金支持，无法从大局出发，全面系统地解决上述诸多问题，而是只针对具体细节问题提出短平快的治理办法，短时间解决了表面问题，随着时间的推移，新的问题重复出行，如此循环往复，造成了一个恶性循环圈，因此确定中小城市合理发展模式，有重点有目标地发展中小城市交通是迫在眉睫且势在必行的。

第二节　中小城市的低碳交通发展现状特征

一、低碳交通政策发展现状

近年来，我国从国家层面颁布了多项政策文件和试点示范工作来促进低碳发展，其中涉及低碳交通的政策可以分为以下五类。

1.低碳城市试点工作

2010年8月，国家发展和改革委员会发布《关于开展低碳省区和低碳城市试点工作的通知》（发改气候〔2010〕1587号），首先确定在广东、辽宁、湖北、陕西、云南五省和天津、重庆、深圳、厦门、杭州、南昌、贵阳、保定八市开展低碳试点工作。2012年4月，国家发展和改革委员会决定在第一批试点的基础上，进一步稳步推进低碳试点示范，并发布《关于组织推荐申报第二批低碳试点省区和城市的通知》，根据通知，确定了29个国家低碳省区和低碳城市，分别为北京市、上海市、海南省和石家庄市、秦皇岛市、晋城市、呼伦贝尔市、吉林市、大兴安岭地区、苏州市、淮安市、镇江市、宁波市、温州市、池州市、南平市、景德镇市、赣州市、青岛市、济源市、武汉市、广州市、桂林市、广元市、遵义市、昆明市、延安市、金昌市、乌鲁木齐市。属于中小城市的低碳试点共有15个，分别是秦皇岛市、晋城市、呼伦贝尔市、吉林市、镇江市、池州市、南平市、景德镇市、赣州市、济源市、桂林市、广元市、遵义市、延安市、金昌市。2017年又进一步扩展试点范围，由此，中小城市低碳试点的范围会很快增加。中小城市在低碳理念普及和低碳模式上会取得一定成效。在各个部门中，交通部门作为二氧化碳排放的大户在各试点城市普遍受到重视。

另外，2014年3月，国家发展和改革委员会发布《关于开展低碳社区试点工作的通知》（发改气候〔2014〕489号），重点在地级以上城市开展低碳社区试点工作。在低碳社区中鼓励采用步行、自行车、公共交通、拼车、搭车等低碳出行方式。为指导和推进低碳社区试点工作，2014年11月，国家发展和改革委员会委组织编制了《低碳社区试点建设指南》，提出了试点建设指标体系，覆盖了社区低碳规划、建设、运营管理的全过程。试点建设指标体系对交通系统提出路网密度大于8km/km^2、公交分担率大于60%等约束性指标，以及社区公共服务的新能源汽车占比大于20%等引导性指标。

2.节能减排财政政策综合示范工作

结合我国节能减排工作缺少资金支持的现状，2011年6月，财政部、国家发展和改委员会发布《关于开展节能减排财政政策综合示范工作的通知》和《节能减排财政政策综合示范指导意见》，选定北京、深圳、重庆、杭州、长沙、贵阳、吉林、新余等8城市作为首批节能减排财政政策综合示范城市，其中新余属于中小城市。2013年10月，选定石家庄、唐山、铁岭、齐齐哈尔、铜陵、南平、荆门、韶关、东莞、铜川等10个城市为第二批示范城市，中小城市占半数以上。在交通方面，主要围绕交通清洁化改造城市交通体系，在城市公共服务领域大力推广使用节能与新能源汽车，鼓励私人购买低排放和新能源汽车，配套建设新能源汽车充电站等基础设施。大力发展公共交通运输体系，倡导绿色出行，鼓励公交优先和各种公交便利化。

3.绿色循环低碳交通运输体系试点工作

2011年2月，交通运输部出台了《建设低碳交通运输体系的指导意见》，提出到2020年，基本建立起符合国家应对气候变化工作要求、以低碳排放为特征的交通运输体系。为保证交通运输领域节能减排工作的顺利开展，同年6月，交通运输部会同财政部首次设立了“交通运输节能减排专项资金”，并印发了《交通运输节能减排专项资金管理暂行办法》，加强了资金管理。以“以奖代补”的形式，在行业中每年投入数十亿的资金，对促进行业低碳发展发挥了重要作用。2013年9月，交通运输部印发了《加快推进绿色循环低碳交通运输发展指导意见》，提出到2020年基本建成低碳交通运输体系的发展目标。到2020年，打造完成“十百千工程”。十是指建设完成10个低碳省区，百是指建设完成100个低碳城市，千是指建设完成1000个低碳示范项目。截至2015年底，全国共有37个城市入选绿色低碳交通试点，其中9个属于中小城市，包括镇江、鞍山、蚌埠、南平、株洲、廊坊等。

4.公交都市建设示范工程

2011年11月，交通运输部印发《交通运输部关于开展国家公交都市建设示范工程有关事项的通知》（交运发〔2011〕635号），号召开展“公交都市”建设示范工程，通过公共交通优先发展战略，调控和引导交通需求，缓解城市交通拥堵和资源环境压力，降低环境污染和能源消耗。2012年12月，国务院出台了《国务院关于城市优先发展公共交通的指导意见》（国发〔2012〕64号），确立公共交通在城市交通中的主体地位，提出以节能减排为重点，大力发展低碳、高效、大容量的城市公共交通系统，加快新技术、新能源、新装备的推广应用，倡导绿色出行。为优先发展公共交通，“十二五”期间，中央配套了一系列的支持政策，主要包括：将公交发展资金纳入公共财政体系；免征新购公交车辆车购税、免征公交场站城镇土地使用税（两项政策每年可减免税收约25亿元）；对公共汽车依法减征或者免征车船税；落实成品油价格补贴政策（2009~2014年共发放公交补贴1300多亿元）；对轨道交通实施电价优惠；实施公交用地综合开发；积极推动新能源公交车应用（专设新能源公交车运营补助）等。2013年初，交通运输部印发《关于贯彻落实<国务院关于城市优先发展公共交通的指导意见>的实施意见》（交运发〔2013〕368号）明确公交发展的总体思路、发展目标、主要任务、保障措施等，提出16条具体实施意见，继续开展“公交都市”示范工程。“十二五”期，交通运输部组织在37个城市开展了公交都市建设示范工程，倡导“公共交通引导城市发展”理念。

2016年7月，交通运输部印发《城市公共交通“十三五”发展纲要》提出在“十三五”期间，将在地市级以上城市，全面推进公交都市建设专项行动，在100万人口以下的中小城市，继续推进公交都市建设，要求城市公共交通机动化出行分担率要达到20%以上，城市交通绿色出行分担率要达到85%左右。2017年8月，交通运输部公布了“十三五”期间全面推进公交都市建设第一批创建城市名单，张家口市、临汾市、乌海市、鞍山市、盘锦市等50个城市入围，中小城市占到90%以上，借此机遇，这些中小城市的交通将会得到更快的发展。

5.新能源汽车推广工程

2009年1月，科技部、财政部、发改委、工业和信息化部启动“十城千辆工程”后，北京、上海、重庆、长春、大连、杭州、济南等13个城市成为首批参与城市。“十二五”期“十城千辆工程”活动继续顺利开展，2010年5月，第二批天津、海口、郑州、厦门等7个城市确定参与此项活动。第三批确定参与的“十城千辆工程”的城市有5个，分别是沈阳、成都、呼和浩特、南通和襄樊。“十二五”期间为促进新能源汽车快速推广和应用，国务院与相关部委出台了多项政策文件。2012年6月，国务院印发《节能与新能源汽车产业发展规划（2012~2020年）》（国发〔2012〕22号）；2013年财政部、科技部、工业和信息化部、发展改革委（简称四部委）联合印发《关于继续开展新能源汽车推广应用工作的通知》（财建〔2013〕551号）；2014年7月《国务院办公厅关于加快新能源汽车推广应用的指导意见》（国办发〔2014〕35号）发布；2015年3月，交通运输部发布《关于加快推进新能源汽车在交通运输行业推广应用的实施意见》（交运发〔2015〕34号），提出重点推广应用插电式（含增程式）混合动力汽车、纯电动汽车，积极推广应用燃料电池汽车，研究推广应用储能式超级电容汽车等其他新能源汽车。行业选择上，重点在城市公交、出租汽车和城市物流配送领域，并积极拓展到汽车租赁和邮政快递等领域。为保持政策连续性，促进新能源汽车产业加快发展，2015年4月，四部委联合印发《关于2016~2020年新能源汽车推广应用财政支持政策的通知》（财建〔2015〕134号），在2016~2020年继续实施新能源汽车推广应用补助政策。2015年5月，财政部、工业和信息化部和交通运输部联合印发了《关于完善城市公交车成品油价格补助政策加快新能源汽车推广应用的通知》（财建〔2015〕159号），通过完善城市公交车成品油价格补助政策，首次对新能源公交车运营进行补贴，推动新能源公交车规模化推广应用，促进公交行业节能减排。2015年10月，国务院印发《国务院办公厅关于加快电动汽车充电基础设施建设的指导意见》（国办发〔2015〕73号）；2016年1月，四部委联合国家能源局印发了《关于“十三五”新能源汽车充电基础设施奖励政策及加强新能源汽车推广应用的通知》（财建〔2016〕7号），通过对充电基础设施的奖励来推动新能源汽车的推广和应用。

无论是低碳交通试点、公交都市示范工程，还是新能源汽车推广工程，在“十二五”初期都比较重视人口规模大、发展比较好的大城市、特大城市，从“十二五”末期以来，开始关注中小城市低碳交通发展。但是由于政策的滞后使得本来在低碳交通技术、资金、人才等资源处于弱势的中小城市与大城市之间的差距进一步拉大。

2016年5月，交通运输部出台《交通运输节能环保“十三五”发展规划》，提出到2020年，城市客运领域单位客运量能耗和CO_2排放分别比2015年下降10%和12.5%。这个低碳交通发展目标，在社会经济比较发达的大城市可以顺利完成，但是对广大的发展中的中小城市，交通发展面临巨大压力的情况下，实现这一目标是个巨大挑战。

2016年11月，为促进城乡公共服务的均等化，交通运输部等11部门联合发布《关于稳步推进城乡交通运输一体化的指导意见》，要求加快推进城乡交通基础设施的衔接和城乡交通运输服务的一体化建设，发展目标是到2020年城乡交通运输一体化格局基本形成。中小城市应利用这一有利时机，贯彻低碳发展理念，充分发挥交通运输行业节能减排潜力。

二、低碳交通发展特征

1.城市公交优先发展正在积极落实

“十三五”期间公交都市创建工作是中小城市公共交通又一次新的发展机遇。我国中东部的部分中型城市基本上确立了公共交通在城市交通中的主体地位。以江西上饶市为例，近年来，城市政府高度重视“公交优先发展”战略，出台了《关于加快上饶市中心城市公共交通改革和发展的若干意见》，设立了城市公交发展专项资金，建立城市公交长效投入保障机制；全面整合市中心城市现有公交资源，建立“一城一公交、国有国营”的经营体制模式。上饶编制完成了《市中心城市公交发展专项规划》，该规划提出了公交引领城市发展战略、公交优先发展战略、建立快速公交系统发展战略三大发展战略。

2.清洁能源车辆推广工作快速推进

近年来，国家大力发展新能源汽车，中小城市利用车辆更新和城乡客运一体化推进的有利时机，稳步推进公交电动化、低碳化发展，发展低碳公交。例如，截至2014年底，沧州市淘汰了518辆柴油公交车，全部更新为LNG公交车辆；并于2014~2016年购置了420辆纯电动和插电式混合动力公交客车，分别投放到市区内班线更新、城区公交及旅游包车等线路。沧州市政府规定，从2016年3月起所有公共领域更换或新增车辆必须为清洁能源车辆，燃油车辆将不予登记。为鼓励发展绿色低碳公交出行方式，截至2018年底，凯里市城市公交车保有量为330辆，其中清洁能源公交车112辆、新能源公交车218辆（纯电动公交车82辆、混合动力公交车136辆），实现了公交车辆100%绿色化，进一步提升了市民的“绿色出行”品质，为凯里公交都市、文明城市创建奠定坚实基础。

3.交通需求管理工作得到重视

针对日趋严重的交通拥堵，少数中小城市在交通需求管理方面也开展了一定的工作。比如，海宁市已于2012年8月开始实施了错峰上下班制度，并在上下班高峰时期实施公交优先，并于2016年开始实行城区重点路段、重点时段单双号通行政策。为了实现治污减霾目标，长治市于2017年11月到2018年3月实施了机动车单双号限行政策，在政策实施期间，主城区范围内公交免费乘坐的相应政策。通过环保部门的实时监测，在单双号限行实施期间，主城区城市交通拥堵有所缓解，空气质量大幅度提升，主要污染物浓度与去年同期相比有明显改善，从这一现象可以得出长治市私人小汽车保有量的增长是造成城市交通拥堵、空气质量降低的重要原因。

4.慢行交通发展越来越得到重视

近几年，中小城市开始重视慢行交通系统的规划与建设工作。比如，2013年浙江海宁市完成了《海宁市中心城区慢行系统规划》的编制工作。规划目标是打造具有江南水乡特色的慢行交通网络和曲水绿荫、高品质的慢行空间。根据规划，该市城区将建城市道路慢行交通系统、山水景观慢行系统以及公共慢行系统等3大类，引导市民绿色出行，缓解交通拥堵。

很多中小城市都建有公共自行车系统，引导居民绿色出行。随着共享经济的快速发展和“互联网+”的应用推广，很多城市对“共享单车”这一新业态也表现出热情欢迎的态度，如长治、沧州等中小城市都已有互联网租赁自行车使用。

三、低碳交通发展存在的主要问题

1.规划层面上缺乏低碳发展理念

2000年以来，在土地财政的刺激下，中小城市建成区面积迅速扩张，由于部分中小城市的规划主导者缺少低碳发展的意识，导致在土地利用规划和城市规划中过分追求宽道路、大广场，新城、新区、开发区和工业园区占地过大，建成区人口密度偏低，用地布局简单粗放；一些城市在交通规划过程中过度重视以车为本的道路建设，没有意识到城市交通建设是为了服务于城市居民多样化、安全、经济、畅通、舒适的出行，仅仅是为了满足机动化，满足小汽车的出行便利，没有将优先权给予有较高通行能力和低碳、低污染的出行方式，城市交通规划逐渐演化为机动车交通规划。因此，很多中小城市的步行和自行车相关的基础设施被挤占的现象更加严重，慢行交通出行环境日益恶化。

2.公交出行比例较低

（1）公共交通规划严重滞后，交通结构不合理。

我国中小城市普遍存在着公共交通发展滞后的现状，公共交通机动化出行比例较低，由于受到公交客流少、服务成本高、企业效益不佳等影响，政府投入和规划相对滞后，导致公交线路不足、设备陈旧落后。在调查的中小城市中，33%的城市尚未建立公共交通支撑和引导城市发展的规划模式，36%的城市尚未确立公共交通在城市交通发展中的主体地位，规划中提出以公共汽电车为主体的地面公共交通系统的仅占35%；市政府把城市公交纳入城市总体规划仅占57%，其中大部分反映还不够深入具体，难以落实；66%的中小城市没有综合交通枢纽，半数以上反映重要交通节点衔接不够、换乘不方便，步行道、自行车道、停车场等配套设置不健全；31%中小城市没有公共交通发展规划，38%认为本城市公共交通发展规划有待改进，58%的城市认为现有公交线网布局不合理或有待改进。公共交通的规划建设多为方便群众、因地制宜，考虑综合衔接、绿色发展的城市较少，无法为城市居民出行提供便捷舒适的交通服务，换乘中心合理便捷的满意度仅为6.59%。

（2）公共交通吸引力不够，出行分担率难提高。

在机动化推进的过程中，中小城市公共交通没有有效体现出主导作用，且随城市人口的增长机动化呈上升趋势，但公共交通出行分担随着城市人口的增长呈下降趋势。公交开通率虽然达到96%，未开通的主要为市区人口20万以内城市。中心城区公共交通站点500m全覆盖的城市仅占34%，公交站点的覆盖率平均为63%；93%的城市尚未建立公共交通优先管理网络，城市公交一卡通普及率只有37%，中小城市的公共交通出行比例明显偏低，与欧洲、日本等主要大城市的40%~70%的公交出行比例差距很大。由于中小城市范围小，居民出行距离短，步行、自行车、三轮车、摩托车等都是居民最主要的出行方式，其中步行及自行车为绿色交通方式，应该提倡，摩托车由于速度快，方便快捷，成为了中小城市居民替代步行及自行车的重要交通工具，自行车、摩托车出行占30%~40%，公共交通出行比例不到10%，由于私人车辆增加，公交服务水平低，服务质量不高，公共交通出行分担比例不增反而呈明显下降趋势。

（3）发展大运量的轨道交通条件不具备。

根据国务院2003年发布的《关于加强城市快速轨道交通建设管理的通知》

（国办发〔2003〕81号），对建设轨道交通的城市提出了具体申报条件：地方财政一般预算100亿元以上、国内生产总值1000亿元以上、城区人口300万人以上等。2018年，国家发改委又再次提高了发展轨道交通的申报条件，其中财政收入门槛提升至300亿元以上，是原有标准的3倍。显而易见，受限于经济发展水平和城区人口规模等条件，中小城市根本不具备发展轨道交通的标准，即使建设了轨道交通，也会因运营效率较低，使基础设施的建设投入达不到较好的效果，同时较高的运维成本也会使中小城市不堪重负。因此，从目前来看，仅有一些条件较好的中小城市建设了有轨电车、无轨电车系统，甚至轻轨系统，其轻轨系统的运营效果需要后期跟踪评估。

3.交通智能化投入不足，水平较低

智能交通系统在国内外很多大城市得到了广泛的应用，并发挥了极其重要的作用，但中小城市智能交通尚未系统化发展，国家层面的智慧交通和智慧城市试点工程很少能覆盖到中小城市。

智能信息技术在中小城市交通中的应用程度较低。经调查统计，中小城市在运营管理、服务监管、行业管理中应用信息化管理所占的比例分别为37%、18%、43%，能够保障公交信号优先的城市仅占25%，93%的城市尚未建立公共交通优先管理网络。城市公共交通与其他交通方式、城市道路交通管理系统的信息共享程度较低，仅为22%，进行公共交通移动支付体系建设的城市较少，仅占36%，城市公交一卡通普及率较低（37%），跨市（县）使用、在城市不同交通方式中可用、具备商业消费功能的比例分别为11%、2.9%、2.7%。

4.缺乏稳定资金来源，基础设施严重不足

国家较重视大城市的发展，对中小城市交通建设投入的建设资金严重不足。中小城市人民政府将公共交通发展资金纳入公共财政体系的城市仅占27%，依法减征或者免征公共交通车船税的城市仅有76%，落实对城市公共交通行业的成品油价格补贴政策的城市仅85%。虽然现在逐渐开始发展中小城市的交通建设，但是配套的交通管理组织设施配备不足，城市道路路灯、绿化、交通标志牌等附属设施也相对不足。由于资金短缺，中小城市基础设施建设滞后，停车设施、公交场站、换乘枢纽、维修场站等基础设施极度缺乏，各种车辆任意停靠，占用了车行道与人行道，道路资源被侵占现象严重，增加了交通安全隐患，且道路两侧违章搭建房屋多，也不满足道路的红线要求，占用了人行道的土地空间，且严重影响城市道路的景观美感。

5.对高耗能、高污染车辆缺乏有效管理

因为中小城市缺乏对老旧车辆的检测与管理机制，车辆报废制度不完善，在大城市已淘汰的黄标车和老旧车辆经常出现在中小城市道路上；另外，车辆生产和使用过程中对技术标准和相关规范执行不严格，同时也缺乏对营业性车辆燃油消耗的管理机制，因此，无论是私家车还是营运车辆，“冒黑烟”现象普遍存在。

6.交通环境问题严峻，对健康影响大

混合交通一直是我国的交通特色，机动车、非机动车以及行人混行造成很严重的安全隐患，同时车辆混行导致道路服务水平低下，行车环境差，直接导致城市居民出行的舒适度降低。机动车出行产生的大量尾气和噪声，给中小城市交通环境造成严重危害，采用慢行交通出行的出行者往往受到这些尾气和噪声的干扰，引发健康问题，导致慢行交通出行比例降低，环境因此进一步恶化。

7.专业人员不足，低碳交通管理能力有待提升

由于人员、技术和资金等方面的限制，中小城市交通节能减排管理体系不健全，节能减排工作主要依靠上级部门的任务安排和布置。主要表现为：交通节能减排管理机构不明确，管理机制不顺畅，节能减排统计、监测、考核体系不完善，节能减排法规标准体系不健全；对小汽车购买、使用和停车收费等方面的交通需求管理、节能减排技术和装备的推广宣传等有待提升。

第三节　中小城市交通发展形势

城镇化是伴随着工业化发展，非农产业在城镇集聚、农村人口向城镇集中的自然历史过程，是人类社会发展的客观趋势，是国家现代化的重要标志。特别是在经济全球化和区域经济一体化背景下，全球生产要素和资源加速向城镇地区集聚。预计到2050年，全球人口的70%（约63亿人）将生活在城镇地区（UNDESA，2011）。党的十九大提出，“以城市群为主体构建大中小城市和小城镇协调发展的城镇格局，加快农业转移人口市民化”。加快推进新型城镇化，对于促进我国转变发展方式、优化经济结构、转换增长动力具有重要意义。

在城市交通自身发展方面，中小城市应抓住发展机遇，借鉴大城市和国内外中小城市经验和教训，尽量使城市交通问题不再成为我国中小城市发展的“城市

病”，进一步提升城市居民的幸福感。新型城镇化发展、交通强国建设、城乡统筹发展、宜居城市建设、新业态的兴起等将成为未来我国中小城市交通发展的新形势。

一、中小城市是城市化的主要战场，需大力加强交通发展

中小城市作为城市化的主要战场，其城市规模的扩大和城市经济的快速发展导致中小城市的机动化水平也进入了快速增长阶段，机动车数量不断增加，同时随着人口的增长带来的流动人口增长，居民出行规模将实现大幅度增长。而随着城市空间的扩大，居民出行距离将大幅度增长，城市交通出行量将会继续快速增长，这些趋势都要求城市交通功能性亟待整体加强，包括城市道路网规模和质量、城市道路交通管理政策和手段的加强、智能交通体系的重点建设和发展等。

另一方面，中小城市区位功能的提升对中小城市对外交通体系提出更高要求。随着我国城市化建设的不断加快，中小城市逐渐登上发展的舞台，中小城市即将成为推动我国国民经济发展的后起之秀。我国的现代化经济发展体系中，不同规模的城市一直发挥着各自不同的功能。从规模上来讲，超大城市、特大城市及大城市凭借其强大的行政控制能力、完备的交通基础设施、举足轻重的交通枢纽地位一直发挥着其不可替代的中枢调控作用。但是一个大的城市，往往需要数个甚至数10个中小城市围绕其服务，例如超大城市的部分产业要迁移，这就是促进周围中小城市经济发展不可多得的良机，这也是当前我国中小城市快速发展的原因之一。随着“城市群”“都市圈”等概念的提出，众多的中小城市跟随其所在的核心城市开启了交通大建设的高潮。许多中小城市根据自己所处的地理位置，从自己所处区域的核心城市处挖掘机遇，目前，许多中小城市的发展速度已经超过了全国水平。中小城市的区位功能日益明显，在这样的发展条件下，要求中小城市的对外交通体系包括公路运输、铁路运输、航空运输等在规模上需要进一步扩大，同时在质量上有所提升，利用对外交通体系促进中小城市的区位功能和枢纽作用，引导中小城市产业发展。

二、中小城市是加快“交通强国”建设的重要组成部分

十九大报告明确提出要建设“交通强国”，这意味着我国即将开启建设“交通强国”的新征程。交通运输部正在组织编制交通强国建设纲要（框架）、交通

强国建设工作方案等重要文件，谋划由“交通大国”向“交通强国”的转变，是实现我国经济社会健康持续发展的重要使命和紧迫任务。

建设交通强国是建设社会主义现代化强国和实现中华民族伟大复兴的中国梦的内在要求。交通强国是社会主义现代化强国的重要组成部分，是先行领域和战略支撑。新时代建设交通强国将构建安全、便捷、高效、绿色、经济的现代化综合交通运输体系，满足人民日益增长的美好生活需要，支撑我国现代化经济体系建设。交通强国建设从2020年到本世纪中叶分“两步走”实施。第一步，从2020年到2035年，奋斗15年，基本建成交通强国，进入世界交通强国行列。第二步，从2035年到本世纪中叶，再奋斗15年，全面建成交通强国，进入世界交通强国前列。

我国数量众多的中小城市自然是其中重要的组成部分之一，而且中小城市交通正处于快速发展期和关键转型期，能否实现健康快速发展，且又能避免未来产生交通拥堵、空气污染等“城市病”，加快生态宜居城市建设，推进交通低碳发展至关重要。

三、加快统筹城乡发展，交通要先行

中小城市所处的区域位置决定了其公共交通系统的发展趋势。中小城市是核心城市和乡村联系的重要环节，是城乡统筹发展的战略支点。一个发达的中小城市，不仅要能抓住核心城市迁移过来的工业流，同时还需带动周边地区的发展，甚至带动整片农村区域的发展。从这个意义上说，要统筹城乡发展，就必须重视中小城市的发展。

随着交通运输部全面推进“公交都市”示范工程的专项行动，中小城市争相步入“公交都市”行列，提出公共交通系统扩大规模、服务水平提升的战略和规划。中小城市公共交通系统的发展不再仅局限于满足城市居民的交通出行，而要在提升城市公共交通服务水平的同时，建设城乡公共交通一体化格局，把城市公共交通运营和发展的范围从城区扩大到周边城镇，大力开发建设城镇公共交通线路，在基础设施上带通城乡一体化发展，促进城乡统筹战略的实施。

四、以人为本，重视慢行交通体系建设，构建宜居城市

中小城市是展示城市文明、防范现代城市病、建设宜居城市的最佳实践

区。大城市、特大城市的存在和膨胀不断挑战者城市规划者和建设者智慧的极限，基础设施的供给往往滞后于城市人口的快速增长，往往引发一系列矛盾，与此相对应，中小城市可以为居民提供相对较为丰富的物质供给和较为完善的基础设施，慢行交通系统的建设和发展在中小城市的实施更具有优势。由于中小城市规模较小，出行距离相对较短，居民出行时间超过40min的还不到10%。出行方式中，以步行、自行车和传统公交车3种交通方式为主，“自行车+公交”或“步行+公交”绿色低碳出行模式更为适合中小城市。

慢行交通作为中小城市交通中内部出行的主要方式逐渐受到重视，在短距离出行、公交接驳、休闲旅游交通等方面发挥作用。中小城市良好的城市生态环境为慢行交通发展打下基础，随着城市功能逐步完善，城市将更加重视慢行交通组织，尤其是在以休闲旅游为主的地区营造宜人的慢行出行环境。

五、发展行业新业态，实行规范运营

伴随着“互联网+”和共享经济时代的到来，网约出租车已在中小城市全面开花，共享单车也在中小城市形成规模。因为中小城市具有出行距离短、出行时间短等特点，新业态也表现出不同的发展特点，如共享单车适用性更强，但这些新业态的出现给市民出行带来方便的同时，也给城市政府带来一些新的管理难题：管理难度加大、押金退换难、自行车乱停乱放严重等。

为了加强网约车的规范发展，2016年7月，交通运输部出台了《网络预约出租汽车经营服务管理暂行办法》，从国家层面明确了网络预约出租汽车的定位、管理和相关要求。2017年8月，为鼓励和发展共享单车，交通运输部等10个部门联合印发了《关于鼓励和规范互联网租赁自行车发展的指导意见》，从国家层面明确了我国互联网租赁自行车的发展定位、发展原则和发展要求，为今后互联网租赁自行车发展明确了方向，北京、深圳等20多个城市也纷纷出台了地方的管理政策。

在慢行交通方面，针对中小城市交通运输行业管理现状，需要城市政府做好应对这一挑战的准备。尤其是自行车出行一直是中小城市最重要的出行方式，互联网租赁自行车在大城市中主要是解决“最后一公里”的出行问题，在中小城市互联网租赁自行车将会有更广阔的发展前景。在低碳管理意识和理念上需要与大城市接轨，并在管理方式上进行创新和升级改造。

第四节　我国中小城市低碳交通发展所面临的障碍

城镇化、机动化的快速发展，居民生活水平的提升，势必会产生较大的出行需求。但是，由于城市规划不科学合理、管理能力和管理水平跟不上、公交发展较慢、引导小汽车使用不利、群众低碳理念和意识不足、缺少足够的发展资金等问题会对中小城市的低碳交通发展造成较大影响。

一、粗放的城市规划与空间布局

中小城市正在沿着大城市“摊大饼”式扩张的道路前进，多数城市过分追求宽道路、大广场，新城、新区、开发区和工业园区占地过大，建成区人口密度偏低，建设用地粗放低效。

综合交通规划在城市总体规划中的定位不足，导致交通规划滞后于城市规划，使得交通规划与城市规划在物理空间和功能上都是割裂的。比如，职住分离现象造成居民出行距离变长，机动化出行次数增加，而TOD引导城市规划的理念远未形成。

二、私人小汽车主导的交通增长模式导致慢行出行环境日益变差

与大城市相比，中小城市居民出行更大程度上依赖于私人小汽车，导致小汽车出行比例越来越高，出行环境不断恶化。主要原因包括：一是由于公共交通发展不足；二是为缓解交通拥堵修建更宽的机动车道，但蚕食了步行道、自行车道，恶化了城市慢行交通的出行环境；三是由于没有充分考虑小汽车出行的外部成本，所以使用成本较低，如多数中小城市的机构单位、大型商场等都设有免费停车场；四是市民思想观念问题，相当一部分人认为私人小汽车是“社会身份和地位”的象征，盲目攀比，大大增加了驾车出行在交通出行中的比例。

三、缺乏低碳交通的意识培养和教育

在当前中小城市的发展阶段，发展水平较低，又加上相当一部分市民来自于周边村镇，一些人对社会的认同感还停留在提高自己的物质生活阶段，低碳发展的理念还没有融入居民的日常生活，意识提升较慢，大部分居民没有购买低排放车辆和低碳出行的意识，盲目追求购买大排量型车辆，而且使用强度较高；同时

当地机构进行低碳交通意识培养和教育的能力也较为薄弱。

四、存在低碳交通发展的管理缺失

与大城市相比，中小城市地方政府在与低碳交通有关的管理法规和管理制度方面存在较大差距。比如，对于高能耗、高污染车辆虽然在大型城市有广泛限制，但是在中小城市却畅行无阻；对于机动车挤占自行车和行人空间的行为缺少有效管理等。另外，由于行业管理部门缺乏足够的与交通有关的数据，无法支撑必要的定量分析和决策支持，同时信息化与智能化的管理能力也有待加强。

五、低碳交通缺少足够的政策和资金支持

目前，中小城市慢行交通和公共交通服务质量和水平较低。公共交通、慢行交通在城市能发挥的作用在现阶段尚没有得到足够的重视，再加上在发展初期的基础设施建设需要巨大的资金投入，但又回报周期较长或回报水平较低，来自政府的财政资金投入远远不够，制约了其快速发展。此外，因为中小城市对于新能源、低碳交通发展企业没有太高的吸引力，所以在技术和政策上没有足够的优势，造成在低碳交通发展中逐渐边缘化。

第三章　中小城市交通低碳发展案例

为体现低碳交通研究的针对性，考虑气候、地形地貌、人口、经济等因素对我国中小城市发展进行分析，同时借鉴国外中小城市交通低碳发展的经验，梳理和总结相关的措施和经验。

第一节　国内中小城市交通低碳发展经验

一、荣成市——推进城乡公交一体化发展、积极开展绿色出行

（一）城市发展定位

荣成是山东省的县级市，隶属于山东省威海市，地处山东半岛最东端，是山东半岛东部节点城市、威海市域东部中心城市。荣成三面环海，海岸线近500km，距韩国94n mile，是山东半岛离韩国最近的区域，重要的对韩经济联系门户，拥有两个一类开放港口、一个省级开发区、一个省级工业园、两个省级旅游度假区。荣成市下辖经济开发区、石岛管理区、好运角旅游度假区3个区，以及12个镇、10个街道、826个行政村和118个居委会，陆地面积1526km^2，2015年末市域总人口93.78万人，城镇人口58.63万人，城镇化率为62.52%。荣成气候温暖湿润，空气质量优良，生态环境优美，2015空气优良天数高达93%，“蓝天白云、繁星闪烁”天数285天，先后荣获中国魅力城市、优秀旅游城市、生态园林城市、人居范例城市、新兴工业强市。

荣成市以“自由呼吸，自在荣成”的城市形象为目标，充分发挥蓝色海洋产业和绿色生态资源优势，以蓝色产业为主导，以先进制造业为支撑，以战略性新兴产业为引领，努力建设成为生态宜居、创新开放、文明诚信的海滨休闲旅游城市。荣成市拥有显著的配套优势、土地优势、交通优势和政策优势，产业基础雄厚，海洋产业集群规模突破千亿元，生态建设、文明建设、信用建设等工作走在了全省乃至全国前列。

荣成是全国县域综合实力百强县之一，2017年GDP高达1160亿元，连续3年坐稳县域经济“千亿俱乐部”交椅。海洋生物食品产业在全国名列前茅，临近黄海、渤海、东海三大渔场，水产资源十分丰富，盛产对虾、鹰爪虾、黄花鱼、牙鲆鱼、扇贝、海带、裙带菜等鱼虾贝藻类海产品100多种，其中海参、鲍鱼、海胆、真鲷、牙鲆、石花菜等海珍品最为著名，是全国闻名的海洋经济强市。

荣成市拥有规模以上海洋食品企业267家，省级以上研发机构62家，高新技术企业34家，是中国海洋食品名城、国家新型工业化（食品）产业示范基地、全国首批食品军民融合深度发展示范区，拥有石岛港、龙眼港2个国家一类开放口岸、10个一类开放作业港区，海港口岸出入境旅客超过30万人次，占全省旅客人数的1/3，拥有威海（荣成）国际海洋大宗商品交易中心、日韩食品“同线同标同质”平台。荣成市新兴产业发展迅猛，与清华大学、歌尔集团等建立战略合作，有力地推动碳纤维新材料、VR/AR、智能机器人等产业集群发展。2017年引进国内外项目69个，拥有房车零部件电商平台等6个专业平台，其中康得碳谷项目是多年来引进的投资规模最大、科技含量最高的重大战略项目。围绕美丽乡村建设，荣成市全面落实乡村振兴战略，出台相关政策，“五个振兴”齐发力，奋力开创“三农”工作突破式发展新局面。

发展全域旅游经济，加快国家全域旅游示范区创建。荣成大力发展全域旅游经济，在资源深度挖掘、产业深度融合、服务深度提升上做文章，加快国家全域旅游示范区创建，全面叫响“自由呼吸，自在荣成”城市品牌。2017年，荣成以“自由呼吸，自在荣成”为引领，加快旅游产品供给侧结构性改革，推进旅游与海洋与渔业、工业、文化、交通等产业融合发展，进一步推动旅游增量崛起。2017年，荣成大力发展赛事经济，坚持用抓经济的思维抓体育事业发展和赛事活动，先后举办了荣成滨海国际马拉松赛、全国青少年帆板锦标赛、环樱花湖全国自行车邀请赛、全国海钓精英邀请赛、全国航空嘉年华等8个赛事，构建起“海陆空”特色赛事品牌，有力推动了体旅结合和产业经济发展。城铁运送旅客和过夜游客大幅增加，《温暖的村庄》《美丽小渔村》等10余部影视剧在荣成市拍摄。

每年冬季，“赏大天鹅、住海草房、吃渔家饭”成为荣成最受追捧的旅游产品。据统计，烟墩角、天鹅湖两大观天鹅景点每天平均接待游客1.5万人次以上。2017年荣成旅游首次突破双百，即年旅游总收入破100亿元，同比增长

13%，年持证住宿人次破100万人次，达到108.56万人次，同比增长16%。

（二）交通发展现状

“十二五”以来，荣成市综合交通基础设施规模扩大、综合交通网络不断健全，形成公路、铁路、航空、水运等运输方式共同完善，对外开放、对内辐射的现代化立体交通网络，使荣成由区域交通网络末端逐渐向环渤海地区重要的水陆综合交通枢纽转变。

1.铁路方面

荣成是“青烟威荣”城际铁路的终点，2014年12月青荣城际铁路正式通车，推动了“青烟威”城镇群发展，带动了荣成经济发展，便利了荣成对外交通衔接，增强了荣成市综合交通实力。2017年，青荣城铁全年共发送旅客119.6万人次，比2016年增长33.4%。

2.公路方面

截至2017年，荣成市拥有各级公路758条，规模为1721.2km^2；其中，国道1条、省道8条、县道16条、乡道23条、村道710条，对外连接胶东半岛公路网，对内通达各村镇及主要街道；荣文高速公路2015年12月通车，结束了荣成无高速公路的历史，目前市内高速公路40.4km；以崖头为中心的半小时交通圈已经形成，促进了当地经济社会的发展。

3.水运方面

截至2017年底，全市有港口6处，其中石岛新港、龙眼港为国家一类开放口岸，拥有万吨级及以上泊位11个，5000吨级及以下泊位15个；开通直达韩国平泽港、群山港、仁川港等15条国际国内客货运航线；建成苏山岛—院夼、海驴岛—骡子头、王家岛—码头村、朝阳角—鸡鸣岛四处陆岛交通码头，在全省率先完成千人以上岛屿通航的目标。2017年港口货物吞吐量2530万t、26.7万标箱，海港口岸出入境旅客66万人次、比2016年增长99.0%，海运完成货运量653万t，比2016年下降1.0%。

4.航空方面

荣成市区距离威海大水泊机场20km，有利于航空客、货流有效辐射至荣成市。威海大水泊机场拥有18条国内航线及台北地区航线、首尔国际航线，2017年完成旅客吞吐量累计突破200万人次、货邮吞吐量累计为4.39万t。

（三）交通低碳发展的主要特征

荣成低碳交通发展的主要特征包括城市空间的合理布局、推进城乡公交一体化、争创全国“四好农村路”示范县、积极开展绿色出行等方面。

1.建立合理的城市空间布局

荣成坚持“中心提升、两翼突破，生态连接、产城融合”的空间发展策略，构筑以中心城区为龙头、以石岛管理区和好运角旅游度假区为两翼、以特色小镇为节点、以海滨生态廊道为连接的“一核一带三板块”的空间结构；构建以“城市地区+特色城镇+美丽乡村”的三级市域城乡体系，努力打造“自由呼吸，自在荣成”的海滨休闲旅游城市。其中，“一核”为中心城区，即荣成经济开发区；“一带”为滨海综合发展带；“三板块”为北部休闲旅游度假板块、中部综合板块和南部综合板块。“城市地区”为中心城区、石岛管理区和好运角旅游度假区；“特色城镇”指分别以海滨特色或内陆田园为主的城镇；“美丽乡村”指以整治村庄环境、保护历史文化为主打造的乡村。

2.加快城乡公交一体化发展

加快推进城乡公交一体化的重要载体，全力打造城市公交、城乡公交、镇村公交、旅游公交“四位一体”的全域公交网络和直达快线、干线公交、支线公交、微循环公交“四位一体”的区域公交网络，开展“一路情深”服务品牌建设，提升城乡公交标准化、规范化服务能力。坚持公交优先，完善公交财政补贴制度，推进城乡公交一体化，形成“衔接市区、畅通镇街、覆盖乡村”的公共交通网络体系，基本完成全域公交一体化，城乡道路客运车辆公交化比率达100%。全市12个乡镇开通了城乡公交线路，乡镇通客车率达到100%；825个建制村开通了客运线路（海岛村不计），建制村通客车率达到100%。先后开通城乡公交线路101条，线路总长3133km。其中，城区公交19条、城郊公交82条（含1条旅游公交线），全力打造全国“城乡交通运输一体化建设工程”。

经过几年的努力，全市设立公交站点2660个，投入公交车493辆，其中新能源公交车317辆，线路总长2664.7km，日运行班次3174次，日客运量9.5万人次，实现了县域范围内行政村公共交通覆盖率100%、公交线网密度每平方公里2.06km、城镇1h生活圈的目标，“情深巴士”直通田间地头、千村万户，取得了“群众得实惠、政府得民心、行业得形象、企业得发展”的社会效果。

进行城乡客运经营主体整合，完成城乡公交客运化和公交公司国有化改造，由公交集团集约化经营城乡公交。根据实际需求，城乡公交线路采取区域经验和循环运行，提高公交运营管理效率；根据城乡居民多样化出行需求，开通定制班车、学生专线、赶集班车、旅游观光和采摘专线等特色公交线路；新建成3处公交枢纽、1处中转站和164处停靠站；市区投入使用推进新能源和清洁能源车辆的使用，增开“采风游”“登山游”“乡村游”等旅游公交专线。市区公交站点500m覆盖率达100%，城市居民出行分担率达25%。公交万人拥有率达20%，新能源公交车达100%，完成智慧公交建设，实行公交一卡通收费、非现金支付等多种形式。

建立荣成全市统一的公交客运网，形成市、镇、村三级公交网络，实现车辆统一化、班次定时化、经营集约化，群众乘车更加便捷、更加实惠、更加舒适。提升标准化、规范化服务能力，采用公交化运营的客运班线，经当地政府组织评估后，符合要求的可使用未设置乘客站立区的公共汽车。对于出行需求较小且相对分散的偏远地区，鼓励开展预约、定制式等个性化客运服务。按照对现有农村客运线路资源进行优化调整，达到城市与乡镇驻地形成二级公交线路设置，乡镇驻地与村落驻地形成三级公交线路设置，使城乡公交线路在设置上、运营模式、运力配备、配套设施、管理水平、服务档次达到城市公交的水平，让农民真正享受到与城镇居民同样的文明和实惠。

3.争创全国“四好农村路”示范县

围绕“建好、管好、护好、运营好”农村公路指示精神，荣成市深入推进“四好农村路”建设，于2018年9月被交通运输部、农业农村部、国务院扶贫办授予全国首批国家级“四好农村路”示范县。

主要开展的工作如下：一是制定《荣成市推进“四好农村路”建设活动实施方案》，明确“四好农村路”建设相关内容、目标和举措。二是将公路日常管护纳入政府目标责任制考核，明确养护主体责任、出台考核意见、开通社会监督投诉热线，实现了县道县养、乡道乡养、村道村养三级养护管理模式，市、镇两级农村公路养护管理机构设置率达100%，硬化道路养护率达到100%。三是加大农村公路绿化美化工程建设，大力整治农村公路路域环境，创造“畅、洁、绿、美、安”的城乡出行环境。四是加快农村公路改造建设、提高农村公路通达能力、优化农村路网结构；全市农村公路技术状况评定中级路率达到88.3%，县乡公路中技术等级为三级路（含）以上的公路所占比例达到97%，农村公路危桥数量呈逐年下降趋势，农村公路等级公路铺装率为95%，12个镇街及825个建制村道硬化路率为100%。五是对县乡公路及校车通行的村级公路建设安全生命防护设施，实现了县乡公路生命安全防护工程全覆盖。六是出台《荣成市农村公路建设资金管理方法》，将县级公路建设和大中修养护资金纳入市财政预算，明确镇村公路建设资金补贴比例，乡村道路养护经费市财政补助、乡镇财政配套筹集，养护质量逐年提高，农村公路列养率达到100%。

4.积极开展绿色出行

发展新一代城市公共自行车系统结合共享单车新兴业态的发展，综合了传统有桩自行车和共享单车的特点，可通过办卡，也可以通过微信、支付宝扫码租车。科学规划停车站点，押金随退随还。自使用以来，较少出现乱停乱放、恶意毁坏车辆等现象，作为城市配套交通服务设施的重要组成部分，公共自行车既解决了市民的短距离出行问题，打通了出行“最后一公路”，在倡导健康、绿色、环保、低碳出行理念的同时，对缓解城市交通压力还起到积极作用，因此受到广大市民的普遍欢迎。

荣成市按照“内密外疏、考虑重点部位”的原则，自2016年开始，全市在东起两湾城，西至城铁站，北起新一中，南到斜口岛大桥的区域内，约500m至3km的间距，规划了61处自行车站点（图3-1）。截至2017年底，已正式投入使用55处站点，共投放自行车903辆，共发放公共自行车借车卡2219张，总骑行量达561276余辆次。同时，为确保公共自行车规范使用及良好车况，荣成公共自行车运营服务有限公司也加强了日常运营管理。公司每天安排专门人员进行巡逻检查，发现车辆损坏马上回收维修。公司相关负责人介绍，除了正常使用导致的易损部件损坏外，暂时并未发现人为恶意毁坏等不文明行为。此外，对于极少数使用过程中丢失的车辆，相关当事人也已按规定进行了赔偿。总体来说，目前荣成公共自行车的使用及运营情况比较理想，这也折射出荣成市民较高的整体文明素质。

图3-1　荣成市公共自行车系统

扫码租车及收费标准如下：

一是预授权租车。扫描车桩二维码，确认订单信息，冻结预授权220元，还车后预授权金额自动解冻；租车若超时产生的费用将在预授权金额中代扣。取车成功开始计算时间，前90min免费，单次超时以1元/1h收取超时费，不足1h按1h计算，每日封顶20元。

二是芝麻信用满600积分免押金租车。免押金租车需要同时满足：a.芝麻信用积分在600分以上。b.用户需在商户和芝麻信用无相关负面记录；租车不会消耗芝麻信用积分，履约状况将反馈到用户的信用记录；租车若超时产生的费用将通过用户的支付宝账户进行自动支付。c.芝麻信用积分取车成功开始计算时间，前90min免费，单次超时以1元/h 收取超时费，不足1h按1h计算，每日封顶20元。

二、凯里市——创建全域公交都市，打造宜居的静态交通系统

（一）城市发展定位

凯里市位于贵州省东南部，黔东南苗族侗族自治州西北部。市域全境东西最长跨度51.46km，南北最宽跨度44.3km，土地总面积130441.75km^2，占全省总面积的0.74%，占全州总面积的4.31%。凯里紧邻湖南、广西，是东部沿海地区进入西南，四川、云南两省通往华东、华南的交通要地。地处西南三省承接长江三角、珠江三角产业转移的第一梯度上，有地理之利。凯里市距离省会贵阳160km，湘黔铁路、株六路复线、凯麻高速公路、凯玉高速公路、夏蓉高速公路和320国道，贯穿全境。

凯里市是黔东南苗族侗族自治州首府所在地，现辖1城区、1办事处、7镇、2乡，设计204个村民委员会，28个居民委员会。2016年底，凯里市半年常住人口为54.31万人。凯里市四季分明，雨量充沛、热量充足，属于雨热同季的气候条件，海拔相对高差在532~1447m之间，地形多样，具有土层厚、有机质含量高的森林土壤特性，十分有利于促进森林资源的生长发育，是常绿针叶、阔叶林典型分布带，主要用材树种为马尾松、杉木等。良好的气候和水文条件为各种森林植物和野生动物的栖息、生长与繁育提供了良好的生态环境，构成了各种各样的生物生态系统，生物多样性和基因多样性极为丰富。

依托有利的生态环境、气候资源和少数民族文化氛围，凯里市围绕“农业现代化，新型工业化，新型城镇化同步”的发展目标，构建了以精致高效的农业，特色民族文化旅游，先进制造、现代商贸物流为主导的特色产业体系。形成了产业特色化，产品品牌化，服务黔东南的产业集群。其中主要发展产业包括：a.战略新兴产业、高技术产业和高端制造业，如苗药制造、机械装备、绿色食品、精

细化工、现代商贸物流业。b.高端服务业：如现代商贸物流、现代金融、创新开发、文化创意、行政服务、商务会展、高端消费等高端服务业。c.休闲度假旅游业和精致高效农业，如依托苗侗文化和中心城区外围丰富的源生态资源，按照国际旅游城市标准完善高端旅游接待，休闲娱乐、抗体运动、文化体验、商业购物、商务会议、特色餐饮和蓝莓、草莓、蔬菜等农产品深加工的农业产业。在《黔东南州交通运输“十三五”发展规划》中凯里市被打造为绿色循环低碳示范城市。

围绕上述产业发展目标，目前凯里市已经形成了“一心”“两轴”“三区”“多点”的城市布局，即：以凯里—麻江中心城区为中心带动周边；依托“凯麻快速路”“沪昆高铁”以及城市主干道，分别构建东西向和南北向城市发展轴；以南部特色旅游区、西部民族文化旅游区和北部农业生态区为依托的发展区域；以主城周边城镇为补充的发展态势。

（二）交通发展现状

截至“十二五”末，凯里市在公路网建设、农村公路建设、场站建设、内河水运、城市公共交通等领域取得了巨大的成就。

1.公路网建设方面

截至2015年底，凯里已经形成“一纵一横”的高速公路网骨架，一纵为余庆—凯里—安龙的高速公路，一横为沪昆高速公路。2015年底，全市公路通车里程达到1721.155km，其中国道169.489km（国家高速公路37.6km，普通国道131.889km）；省道192.441km（省道高速公路75.7km，普通省道116.741km），县道258.022km，乡道421.818km，村道679.385km，全市已经实现县县、乡乡、村村通公路的目标。此外，全市等级公路里程达到1043.924km，占路网总规模的60.65%，其中高速公路113.3km，一级公路12.017km，二级公路37.85km，三级公路57.741km，四级公路823.013km。

2.农村公路建设方面

截至2015年，凯里市乡镇通达率100%、通畅率100%，建制村通达率100%、通畅率67.65%。全市农村公路通车里程达到1359.225km，包括县道258.022km，乡道421.818km，村道679.385km。

3.场站建设方面

截至2015年底，凯里市有等级客运站6个，其中一级站2个，三级站2个，五级站2个，乡镇通班车率为100%。

4.内河水运方面

凯里市内河航运主要以清水江及其支流重安江为主，是凯里市发展内河航运的依托。水路全长96km，流经5个乡镇、36个村。14吨级的船舶可从凯里直达湖南沅江及洞庭湖区域。凯里市航道里程共有96km，其中Ⅶ级航道77km（大坡—岔河、两河—三江），等外级航道19km。凯里码头岸线总长1.8km，可利用岸线1km，已利用岸线0.2km。

5.公共交通方面

截至2015年末，全市营运线路27条，共有公交汽车363辆，城区共有公交站点588个，市中心主干道建候车廊及港湾停靠站台17个。公交车保有量为409标台，城市万人拥有公交车数达16标台。年客运量30万人次，农村公交线网覆盖了全市11个乡镇，7街道办事处，204个行政村，通达率100%，基本实现了城乡公交一体化。

此外，凯里市未来将在进一步完善公路网建设、提升道路等级、加快场站建设的同时，提升对外联系：在凯里市城市总体规划中，凯里市积极谋求经济圈交通系统协调发展，依托航空港、高铁、铁路和城市道路打造地区交通枢纽。

6.空港枢纽方面

在昆明—凯里—杭州航线基础上，加开黄平机场与北京、上海、广州、深圳、成都等国内大中城市航线，构建与京津唐城市群、长三角城市群和珠三角城市群的直接联系。

加快余—凯—羊高速公路建设，规划连接沪昆高铁凯里站—贵广高铁都匀站的城际铁路，并预留凯里南站至黄平机场线路，将凯里黄平机场打造成黔东南的航空枢纽。

在单站兴仁镇建设1处通用机场，用于执行除旅客运输和货物运输以外的其他飞行任务，如景点游客观光、空中表演、空中航拍、控制测绘、播撒农药等特殊飞行任务。

7.高铁枢纽方面

依托沪昆高铁凯里南站，合理布局有轨电车线路、公交线路、城际铁路，将凯里南站打造成为商务会展发达的综合高铁枢纽。

8.铁路交通建设方面

构建“三横两纵”的铁路主干网络。三横即湘黔铁路、主流铁路复线和沪昆客运专线铁路，两纵及黔桂铁路和黄平机场—凯里—都匀城际铁路。

9.道路建设方面

强化凯里—麻江中心城区交通枢纽地位，强化区域辐射带动力。打造“双环+十字”的高速公路网络。双环即绕城高速公路和外围夏蓉高速公路、贵新高速公路、瓮安—黄平—施秉—振源高速公路、镇远—剑河—榕江高速公路形成的外环；十字是指凯麻高速公路和余—凯—羊高速公路形成的十字。

（三）低碳交通的特点和经验

1.创建全域的公交都市

2017年，交通运输部公布了“十三五”全面推进公交都市建设第一批创建城市名单，凯里正式成为公交都市试点城市。依托公交都市创建，凯里市多措并举，切实开展了城市公共交通建设。首先凯里市明确了公交都市发展目标，其中包括绿色出行分担率、公共交通出行分担率（不含步行）将分别从2016年的77.9%和54.9%提升至2020年的85%和60%。其次，凯里市围绕城市空间布局融合发展和群众便捷、安全、舒适出行的需求，跳出公交发展只偏重主城区板块的局限，以公共交通引领城市发展为战略导向，以全州一体化、凯里—麻江同城化的总体思路，以探索市域公交一体化引领全州公交抱团发展模式为主题，打造具有凯里城市特色的“公交+”新模式，以构建结构合理、层次分明、网线通达、换乘便捷、设施完善的公交一体化服务系统为目标，学习国内外公交都市先进经验，加强组织领导、规划引导、科技创新、体制改革和政策扶持，按照增量与存量提质并重原则，统筹城乡，发挥优势，突出特色，全面推动凯里公交都市试点城市建设，努力建成全国一流具有凯里特色的公交都市试点城市，实现凯里公交新的跨越。

凯里公交部门搭建公交IC卡及金融IC卡系统支付平台，在“苗乡侗寨”城市公交实现了公交IC卡“一卡通”和金融IC卡“多卡通”，为人们的出行带来了极大便利。此外，2012年9月，凯里公交成立了面向全州的城市公共客运交通指挥中心，运用大数据思维，实现对公交车辆运营的网络化、可视化、智能化管理。目前，已建成公交智能调度系统、自动报站系统、车辆3G实时监控系统等平台，实现了公交的智能化调度，为创建全域公交都市提供了技术保障。

2.引导城市低碳绿色出行

凯里市较早采用经济杠杆的手段引导市民采用低碳绿色出行，例如凯里市城市公交于2015年10月推行了“换乘优惠”和“分段收费”新举措，凯里市公交总公司每日让利市民达7000元以上，通过降低市民公共交通出行成本和提供便捷出行条件的公交服务改革，引导广大市民更多选择公交出行，缓解城市交通拥堵。

其中，“换乘优惠”是指市民只要持凯里市公交总公司的公交IC卡刷卡乘坐凯里市内的公交车，自刷卡时点起，在60min内均能享受“换乘优惠”的好处，即乘客只要持公交IC卡刷卡乘坐凯里市内任何一条线路的公交车，在60min内可享受换乘优惠一次。换乘优惠办法为：从低票价车换乘高票价车，刷卡时优惠（免除）上次刷卡支付的乘车费用，从高票价车换乘低票价车，刷卡时为本次乘车免费。

“分段收费”先在凯里市16路公交车试点，市民只要持该公司的公交IC卡乘坐凯里任意一辆16路公交车，均实可享受到“分段收费”的优惠，即市民只要持公交IC卡乘坐凯里任意一辆16路公交车，只需上、下车刷卡，则按实际乘坐里程分段计算收取乘车费用，而投币收费方式则是中途上车的费用和起点站上车的费用一样。如果乘客下车时未刷卡，在乘客下次刷卡乘车时将补扣上次从上车乘车站点至终点站的公交票款。凯里公交总公司将在总结16路的经验后，计划在全市12km以上的公交线路上全面推行“分段收费”的办法，进一步扩大受益面。

3.打造宜居的静态交通系统

凯里市具备良好的慢行交通出行文化和自然环境，在交通管理中，打造静态交通系统，强化保障慢行空间，减少了动静干扰，建成了更宜居的城市静态交通系统和完整的慢行交通系统（图3-2）。为减少机动车出行对慢行出行系统的干扰，凯里市实施了“天眼工程”，对机动车占道停放等现象进行了严格管理。2016年凯里市出台了《凯里市机动车道路临时停放管理办法》，对于道路停车设施规划和设置、道路停车设施规划和设置、道路停车设施使用管理、道路停车设施使用管理和法律责任等进行了明确，提供了法律保障。此外，为进一步优化环境，凯里市取消了人行道停车位。黄色标记的道牙路段停车超过10s要被拍照，严格实施电子警察加强实时监控。

为满足市内机动车停放的需求，凯里市于2016年编制了《凯里市社会停车场专项规划》，对凯里市和麻江县近期（2015—2020年）和远期（2021—2030年）停车场站进行规划，并计划修建万博、262停车场和金井停车楼，仅2018年，凯里市已完善一批停车场、休闲广场等公共设施，新增停车位2000个以上。此外，凯里市房管局还拟定了《凯里市智慧停车方案》，将智慧停车系统引入凯里市。系统提供APP微信公众号平台，实现车位查询、车位预约、停车导航、自动缴费、快速充值、一键锁车、周边空车位推荐等功能；此外，停车资源实现共享，业主、单位可将空闲时段车位放租，物业将车位信息透明化、公开化，给车主、业主、物业创造三惠三赢的机会，推进停车资源错时共享，进一步解决用户出行停车难问题。

图3-2　凯里市慢行交通系统

4.提升城市绿色装备水平

凯里市在城市公交运输装备上始终秉持“低能耗、低排放、免维修”的车辆技术要求，车型不断上档升级，所选车辆品质不逊于国内一线城市。先后开通了混合动力公交示范线、清洁能源公交示范线、纯电动公交示范线。截至2016年底，凯里市共计拥有车辆364辆，约合410.8标台，其中柴油车108辆，占比约为29.67%，LNG液化天然气车辆112辆，约合118标台，占比约为30.77%，电气混合动力汽车136辆，约合176.8标台，占比约为37.36%，纯电动汽车8辆，约合8标台，占比约为1.42%。绿色车辆占比为73.7%。

为保障新能源公共交通车辆运营，加大充电桩等配套设施建设。截至2018年8月，凯里城区新能源汽车充电桩已建成103个，预计“十三五”期间建成充电桩920个。

5.“公交+园林”城市发展

凯里市按照“打造‘一座城就是一个景区’、推进中心城市建设、打造旅游集散地”的总体思路，着力推动全域旅游的发展。凯里公交围绕着这一目标，按照“公交旅游”的方式，分别推出17路清洁能源公交直达凯里下司古镇景区、18

路纯电公交示范线直抵国家3A级景区凯里苗侗风情园。公共交通已经辐射到凯里市内及其周边景区，将“公交+文化”“公交+旅游”的绿色出行融入到生活的方方面面。

三、海宁市——建设慢行交通系统，强化对道路交通的管理

（一）城市发展定位

海宁市是一个县级市，隶属于浙江省嘉兴市，位于中国长江三角洲南翼、浙江省北部。常住人口约83万人，经济发达，在2014年发布的福布斯中国大陆最佳县级城市名单中，海宁名列浙江省内第三，全国第八，是长三角地区最具发展潜力的县市之一，同时是钱塘江北岸实力最强的县市。海宁市气候四季分明，是典型的江南水乡，素有“江南第一灯市、鱼米之乡、丝绸之府、才子之乡、文化之邦、皮革之都”的美誉，是文化旅游名市。截至2015年年底，海宁市建成区面积49.2 km^2，机动车保有量达到16.6万辆。

（二）交通发展现状

2017年，海宁市公路通车里程达929.96km（乡道以上），全市所有镇、街道实现15min上高速，实现村村通公交。全年完成货物运输量1996万t，比上年增长7.4%，其中，铁路6万t，增长85.7%，公路1232万t，增长11.4%，水运758万t，增长1.1%；完成货物周转量21.79亿t · km，增长9.8%，其中，公路12.09亿t · km，水运9.70亿t · km。全年完成客运量568万人，其中，铁路244万人，公路324万人；客运周转量2.61亿人 · km，其中，公路2.61亿人 · km。

但是，随着城市交通的快速发展，海宁交通拥堵日趋严重，停车难问题日益突显，根据海宁市2013年的居民出行调查，海宁市城区以道路、水道绿网两种类型为出行载体，居民出行步行分担率达到了20.2%，自行车出行则为26.3%，助动车占13.1%，公交车占14.6%，小汽车占8.4%（与摩托车相当）。这说明海宁市居民最为基本的出行方式是依靠步行、自行车等城市慢行系统。中心城区慢行系统与市民生活、娱乐紧密相关，它能提供丰富多样的出行体验，承担居民短距离出行的大部分需求，使居民出行在规划、建设与管理等各层次得到相应的保障及良性发展。

依据调整，2013年海宁市不同群体的出行结构见表3-1。从市民的主观感受

来看，对于平时经过的市区路段，3.1%的市民认为一直处于非常拥堵的状态，35.58%的人则认为偶尔会发生拥堵的情况，而认为只在上下班高峰时堵的占被调查总人数的49.64%，认为不存在拥堵状况的占11.68%。市区交通拥堵状况的原因主要被归结为汽车数量增长过快（74.82%的人选择这一选项），其次是路口道路太窄（占41.79%），市民不遵守交通规则这一选项有37.77%的人选择，选择信号灯设置不合理的人则占12.23%。此外，高频率使用汽车、道路规划前瞻性不够、居民小区出口设置不合理、交通事故处理不及时、通勤和通学人流过多、违法设摊、乱停车等也被归结为引起交通拥堵的原因。

海宁市不同群体出行方式比较　　表3-1

群　体	公　交	自　驾	出　租　车	自行车或电动自行车	步　行
机关干部	6%	56%	4%	30%	4%
中学生	37%	4.5%	1.5%	46%	11%
社区居民	25.17%	15.77%	0.67%	50.34%	8.05%
新居民	26.67%	12.38%	0.95%	50.48%	9.52%
60周岁以上	53.97%	0	0	38.1%	7.93%

根据海宁市城市总体规划，海宁市中心城区总体结构包括双核、双十字轴线、五片、一组团。“双核”是指“行政文化商务核、鹃湖国际创新核”；“双十字轴线”是指“两条城市发展轴线与两条滨水生态轴线”，构筑双十字的总体形态；“五片”是指时尚产业集聚片、智慧产业集聚片、老城特色生活商贸片、行政文化与时尚商务片、环鹃湖国际科创片；“一组团”是指“三桥”融合产业组团。

根据浙江省综交改办关于《万里美丽经济交通走廊创建方案》，以海宁“43211”十三五综合交通发展战略为目标，积极推进美丽经济交通走廊创建工作，创建省级美丽经济交通走廊示范县。海宁将构建“对外交通快速，对内交通畅通，内外衔接顺畅，节点功能突出”的海宁综合交通运输主骨架。

“43211”发展战略中：

“4”为以“综合交通、智慧交通、绿色交通、平安交通”四个交通为建设方向；

“3”为实施“三百亿”交通建设工程；

“2”为建设以杭州至海宁城际铁路、沪乍杭城际铁路、01省道（G525）、硖许公路为主的深度融合杭州的都市经济交通走廊，以杭平申线及京杭运河二通道等高等级航道建设“海河联运”的开放经济交通走廊；

第1个“1”为建设一个全方位的“海宁港”；

第2个“1”为构建高铁到上海、宁波、金华、苏州1h交通圈和高速公路到嘉兴各县市、杭州、湖州、绍兴1h交通圈。

（三）低碳交通的特点和经验

海宁市为缓解交通拥堵，建设宜居城市，从“十二五”以来，充分发挥“世界潮都”和“国际皮城”的区域品牌影响力，大力实施创新驱动、融杭接沪等战略。加快转型升级，提升竞争优势，建设生态文明，促进均衡高效，打造长三角“经济活力强市、文化旅游名市、生态宜居新市”升级版，提升国际皮城、时尚潮都、文化名城、都市新城新形象。

1.推进慢行交通系统建设

2013年，海宁市完成了《海宁市中心城区慢行系统规划》的编制工作。根据规划，该市城区将建城市道路慢行交通系统、山水景观慢行系统以及公共慢行系统，引导市民绿色出行，缓解交通拥堵。海宁市慢行交通系统的规划目标是打造具有江南水乡特色的慢行交通网络和曲水绿荫、高品质的慢行空间。海宁市慢行交通系统的构建主要包括四种模式。

（1）滨水慢行街道。重点协调水与街道空间、滨水建筑的空间关系，形成多样化的滨水慢行空间。海宁市于2014年建设完成一横两纵的城市沿河绿道慢行网络。与此同时，该市的公交、公共自行车和沿河慢行绿道也在加快融合，公交站点、公共自行车租车点的科学设置更加方便了市民选择慢行系统出行。

（2）线型绿地慢行街道。重点考虑慢行街道绿地的环境设计。按照构筑贯通城乡、覆盖全市的生态廊道要求，坚持绿化建设和慢行道路建设同步，全市道路绿化普及率达到99%以上，环西山和环东山道路建成完整的步行和自行车道路系统，并且按居民出行500m步入公共绿色空间的要求，合理规划布局公园和街头游园，拥有综合公园指数达到0.12个/万人。

（3）商业慢行街道。协调街道两侧商业店面与人行道、道路绿化带、街道小品的空间关系。海宁市将繁华的商业街与慢行空间打造相结合，让市民在购物、会友交流过程中享受休闲、娱乐时光，如西寺桥商业步行街与西山公园相连，为市民打造了休闲、购物和锻炼一体的慢行空间。

（4）普通支路慢行街道。处理好支路与道路绿化、两侧建筑物开口的空间关键。在主城区支路断面中设置非机动车与机动车共享车道，并对机动车行驶采取限时等管理政策，保障慢行者出行安全；在慢行区域中加强休憩场所的设计，并设置无障碍设施，保障慢行者权益。在景观型支路中，道路断面中人行道设置与景观结合，形成观景行人路径；非机动车道设置灵活多变，结合地形景观布置，意在形成宜人自然的慢行通道。

2.推进城乡公交一体化系统建设

（1）提高公交出行率。实施城乡公交“两元一票制”项目，实现城市、城乡公交票价体系、惠民政策同等化，实现全域公交融合发展。对已经实行车改的机关企事业单位车贴发放实行改革，部分补贴打入市民卡（不能提现），鼓励通过公共交通出行。出台公交优惠政策，实行市内公交免费换乘，加大清洁能源车辆投入。

（2）优化公交线网布局，编制城市公交发展规划。增强城区东部与中心城区的联系，增加城区东部公交线网密度；增加城南新区新开发居住区公交线网密度，调整或增加线路；优化城市公交线网，方便居民出行。加强主城与经济开发区之间的联系，扩大公交服务面，避免公交服务盲区出现。

（3）加快公交场站设施建设。建设完成皮革城枢纽站及碧云路首末站工程；开展汽车北站主体工程施工。

（4）开展公交优先系统建设（一期）。在完善海宁大道—钱江路—文苑路—西山路范围内信号灯“区域协调控制”，市区交叉口实现智能调控的基础上，研究公交信号优先系统建设，同步开展市区公交专用车道建设的规划论证，落实公交优先权，提高公交车通行效率。

（5）推进公交智能化建设。推进智慧公交建设，完成公交移动支付项目，进行公交车刷卡设备及系统升级改造，实现公交卡、云公交卡、市民卡、微信、支付宝、银联卡等多方式支付。继续实施市区公交电子站牌升级改造。对117个公交站点实施接电改造，实现市电及网络接入，建成100个55寸LCD屏电子站牌，提高公共信息发布的稳定和多样性，提升城市品质，方便群众出行。新建电子站牌160个；启用手机查询公交信息系统。

（6）优化出租车停靠站设置。实行出租车定点式服务，在市区主次干道设置出租车停靠站，路段内其余点位禁止出租车停靠，同时，在需求量较大的宾馆、企事业单位附近增设停靠点。

（7）加快发展自行车出行。结合互联网租赁自行车的发展，开展公共自行车交通系统二期建设。对城市公共自行车交通系统一期进行升级改造。加快实施公共自行车租赁点二期建设，在市区主要客流集散点、经济开发区、公交枢纽、居住中心设置租赁点，方便居民日常出行，同时，结合旅游开发，将租赁点设置在景区，面向游客经营。

（8）加快绿色公交建设。全年新购公交车辆不少于50辆，其中新能源车比例不低于80%。开展公交车充电桩建设，完成客运中心、公交总站、长安公交站、袁花公交站、尖山公交站变压器增容，建成投用公交车充电桩199个，其中乡镇车站充电桩111个，实现镇区公交新能源车的运用。

3.强化对道路交通的管理

（1）发布交通出行指数。定期发布以主要交通要素、市区道路拥堵情况、群众出行满意度、专家评价意见、治堵工作推进情况为主要内容的交通出行指数，让市民对交通状况有直观了解。

（2）实施信号灯国标化改造工程。完成7个制高点监控建设（一期）；开展交通信息采集系统工程建设；建设高清电子警察系统（兼卡口）。

（3）实施交通精细化管理。在实现市区信号灯联网联控的基础上，充分研究分析每个路口的交通流状况，对信号灯配时进行优化调整，并根据试点先行、全面推广的原则，深化运用“禁左”“禁右”措施，实行道路交通精细化管理。

（4）实行重点路段、重点时段单双号通行政策。在充分调研分析的基础上，在华联商业区块以及部分重点路段推出节假日汽车单双号通行政策，有效减少中心商业区汽车上路总量。

（5）深化市区单行线设置。在深入分析一期单行线实施效果的基础上，本着更加直观，交通更加有序的原则，调整完善市区单行路线组织方案，进一步提升单向交通组织在市区排堵保畅工作中的效果。

（6）完善错峰上下班机制。评估错峰上下班机制实施效果，对实施方案进一步完善，鼓励有条件的单位实行不同岗位、工种人员错时上下班。

（7）推进全市学校“一校一策”交通管理工作。充分摸底掌握各学校周边交通状况，根据“一校一策”要求，制定治理方案，采取针对性措施，对全市学校周边拥堵情况进行治理。

（8）深入推进“六类车”整治。对电动四轮车、客运人力三轮车、残疾营运车、电瓶三轮车、摩托车、超标电动自行车进行整治，杜绝电动四轮车上路，规范管理客运人力三轮车、残疾营运车、电瓶三轮车，限制摩托车、超标电动自行车在市区主要区域行驶，有效减少因此发生的交通事故以及对道路交通秩序产生的影响，同时进一步美化市容。

（9）加强市区交通秩序整治。通过开展交通违法整治“视频大会战”等方式，切实加大对车辆、行人闯红灯，酒后驾驶，违法停车，超速（飚车），违反禁令标志违法掉头、左转弯、闯禁行线，多次违法行为未处理，路口违法穿插排队车辆，行人过路口不走人行横道等9类重点违法行为的查处力度，引导群众文明出行。

四、上饶市——打造综合交通运输体系、促进公交优先发展

（一）城市发展定位

上饶市，古称信州，得名于“山郁珍奇，上乘富饶”，素有富饶之地的美誉，位于江西省东北部，简称赣东北，东西宽210km，南北长194km。东联浙江、南挺福建、北接安徽，位于长三角经济区、海西经济区、鄱阳湖生态经济区三区交汇处，自古就有“上乘富饶、生态之都”“八方通衢”和“豫章第一门户”之称。省内与景德镇、九江、南昌、鹰潭、抚州5市接壤。全市土地总面积22791km^2，其中山地面积2342 km^2，丘陵区面积14436 km^2，平原区面积6013 km^2，分别占全市总面积的10.27%、63.34%和26.39%。截至2015年底，城区常住人口为65.8万人，建成区面积77.4km^2。上饶先后被评为“中国最具幸福感城市”“中国最佳浙商投资城市”“中国最佳粤商投资城市”“中国最佳闽商投资城市”“江西省区域发展的四个重点城市之一”“中国优秀旅游城市”。

（二）交通发展现状

随着上饶市经济的发展，居民收入不断提高，上饶市机动化水平快速提高。私家车是上饶市机动车保有量增加的主要增长点，年均增长率超过30%，每天以近110辆增加，快速机动化的发展加剧了中心城区交通拥堵，在交通还未进入混乱之前，及时发展公共交通事业，未雨绸缪，以交通为核心抓手实施中心城市“六个十”工程，三年内重点推进“12345678”工程，即一个机场：上饶三清山机场全面建成并投入运营；二条高铁：合福、杭长高铁上饶段全线通车；三个枢

纽：高铁枢纽站房和火车站前综合交通枢纽建成并投入运营，坑口货场物流枢纽加快建设；四大公建：完成上饶师范迁建和三甲医院项目，规划建设上饶大剧院和上饶博物规划馆；五大综合体：基本建成老火车站城市综合体、万年青城综合体、上饶旅游集散中心、万力时代广场，加快建设三江口城市综合体；六大安居工程：天佑雅苑、明淑花园、龙潭新苑、新科花园、茶圣花园、龙潭小区等全面建成并入住；七大公园：陆羽公园、创业文化公园、辛弃疾公园、茅家岭公园二期、槠溪湿地公园三期全面建成并投入使用，加快建设古岩寺公园、白鹭洲公园等；八条快速通道：上饶大道南北延伸30 km、凤凰大道东西延伸30 km、滨江大道东西延伸30km和上广快速、上铅快速全面建成并投入使用，加快建设上玉快速、上横弋快速、绕城快速通道。进一步理顺和完善城市管理体制，创新城市管理机制，提高城市管理效能。深入开展城市市容环境综合整治，着力打造优良的人居环境。深化交通秩序管理，实施畅通工程，优化交通组织，合理布局停车场所，解决交通堵点、乱点。加大城市创建工作力度，努力争创国家生态园林城市、国家森林城市、全国文明城市等城市名片，绿化覆盖率、生活垃圾无害化处理率、污水集中处理率等重要指标，力争进入全省前列，为建设宜居、宜业、宜游的现代化区域中心城市提供坚实的公共交通保障。近年来，随着上饶市城市化进程的加快，上饶市经济开发区等工业用地逐步外移，城市用地总体呈组团式分散扩展的趋势，城区用地已呈现多中心发展的特征。

2017年，上饶市全年完成货物运输量25558万t，其中，铁路货运量350万t、公路货运量24344万t、水运货运量864万t。公路货物周转量315.8亿t · km、水运货物周转量19.9亿t · km。全年旅客运输量9179万人，其中，铁路客运量1126万人、公路客运量8025万人、水运客运量28万人。公路旅客周转量324136万人 · km、水运旅客周转量173万人 · km。2017年年底，全市公路通车里程2647.008km。汽车保有量66.2万辆，小型、微型载客汽车保有量42.2万辆，其中，私人小型、微型载客汽车保有量40.4万辆，增长19.4%，增长速度较快。

为贯彻落实《江西省人民政府关于支持赣东北扩大开放合作加快发展的若干意见》，要加快以上饶市中心城区为核心，包括广丰、玉山、横峰、弋阳、铅山的“1+5”信江河谷城镇群（以下简称“1+5”城镇群）建设，打造内陆城镇化建设示范区和构建赣浙闽皖四省交界区域中心城市。上饶地处赣浙闽皖四省交界之地，是鄱阳湖生态经济区、海西经济区、长三角经济区的重要组成部分，是我国东部地区的重要交通枢纽城市，是江西连接东部沿海发达地区的重要桥头堡。因此加快建设“1+5”城镇群，是转变经济发展方式的重大举措，是顺应城市发展规律的必然选择，是发挥中心城市辐射带动作用的重要载体，是建设宜居宜业宜游现代化区域中心城市的客观需要，对推进国家和省区域发展战略部署、打造江西东部重要增长极，具有重大的现实意义和长远意义。

（三）交通低碳发展的主要特征

近年来，上饶市在综合交通运输体系规划建设和公共交通优先发展方面做了大量工作。

1.建立综合交通运输体系

“十二五”以来，上饶市交通运输工作围绕打造四省交界现代化区域中心城市的目标，通过完善提升区域对外交通基础设施，进一步增强信江河谷城镇群区域辐射力；以构建干线公路和旅游公路网络为基础，打造“一体化、同城化”的市区内部快速骨干交通网络；以“优先发展公共交通、大力发展慢行交通、适度发展小汽车交通”为原则，构筑“与城市发展规模相适应，多种交通方式协调运行”的综合交通体系。

（1）规划建设包括快速路在内的骨干路网，支撑促进中心城区空间拓展。以大城市城市规划标准，规划建设包括快速路在内的干线道路网络，支撑和促进中心城区空间拓展。制定分功能的道路设计指引，指导开展各类道路规划设计，促进多种交通方式协调运行。加强城市骨架网络与外围干线公路相衔接，促进实现城乡一体化发展。

（2）大力发展绿色交通，促进电动车与其他交通方式协调发展。协同规划建设“自行车、步行、绿道”网络及配套设施，建立彰显上饶特色风貌的慢行交通网络，满足市民短距离出行、公交接驳以及健身休闲等需求。优化资源配置，保障绿色交通在路段、交叉口运行空间。落实电动自行车上牌，使其“合法、有序、规范”使用。试点公共自行车租赁系统，提升城区旅游服务体验。

（3）大力发展公交，建立具有较强竞争力的多层次公交服务体系。大力发展公交，建立具有较强竞争力的多层次公交服务体系。规划建设快速公交系统示范，支撑城市主要发展轴及高铁新城、空港新城等重要战略地区和重点开发区的开发。建立促进公交场站设施建设及运营等优先发展公交的体制机制。创新公交运行模式，着力扩大公交服务范围，大幅提高公交运营服务质量，为建立引导摩托车、小汽车向公交转移创造条件。大力推进公交场站设施建设，为公交健康持续奠定设施基础。

（4）适度发展小汽车泊位，引导市民合理使用小汽车出行。严格执行停车位配建标准，增加配建停车位整体供给，优化停车泊位供应结构，确立配建泊位的供应主体地位。适当规划建设公共停车场及路内停车位，保障城市动静态交通平衡。

（5）加强客、货运交通组织，减少过境交通以及货运对交通的影响。结合城区物流园区及快速路系统建设，合理组织中心城区货运交通组织，减少过境交通以及货运车辆对城区交通的影响。

（6）提升交通管理水平，协同智慧交通建设，进一步挖掘道路交通潜力。进一步提升交叉口信号控制管理水平，协同智能交通与智慧城市建设，进一步挖掘道路交通潜力，提高交通运行效率。

2.加快公交优先发展

近年来，上饶高度重视优先发展城市公共交通工作，一是制定出台了《关于加快市中心城市公共交通改革和发展的若干意见》，进一步确立了城市公交在城市交通中的主体地位，明确了中心城区公交发展的指导思想、具体目标、推进举措、扶持政策和相关部门职责分工。二是设立了市本级城市公交发展专项资金，建立城市公交长效投入保障机制。即从2012年开始，每年市本级、信州区、上饶县和开发区各安排一定资金专项用于发展城市公交事业。三是编制完成了市中心城市公交发展专项规划。该专项规划全面评价了上饶市城区公交系统现状，提出了公交引领城市发展战略、公交优先发展战略、建立快速公交系统发展战略等三大发展战略。四是全面启动城市公交改革，按照“公交公益”的原则，全面整合市中心城市现有公交资源，建立“一城一公交、国有国营”的经营体制模式，促进市中心城市公交事业持续健康发展。

具体采取以下措施体现公交优先发展。

（1）优先发展公共交通工作纳入政府年度工作报告。

上饶市人民政府每年度定期对公交发展问题进行专题研究，通过常务会议记录摘要、市政府办公厅抄告单、会议纪要的通知等对公交资金投入、场站建设、新能源汽车产业发展、公交加气站、公交规划等进行决策。如市委办公厅、市政府办公厅在2012年11月14日联合发布《关于加快市中心城市公共交通改革和发展的若干意见》（饶办发〔2012〕43号），为上饶公交的发展起到了纲领性、奠基性、引领性的作用。

（2）城市公共交通纳入城市总体规划。

2013年1月8日上饶市人民政府审议了上饶市中心城区公共交通发展规划（2012—2020年）。会议指出：公共交通在解决城市交通拥堵中有着不可替代的作用，编制市中心城市公共交通发展规划，对于进一步方便群众出行、缓解城区交通压力、提升城市形象意义十分重要，是一项惠及民生的重点工程。会议认为：随着上饶市经济社会的持续快速发展，特别是城市总体规划调整，编制市中心城区公共交通发展规划十分必要。该规划经过充分调研、广泛征求意见，大体上内容全面、资料翔实、分析透彻，具有较强的指导性和可操作性。会议要求：要本着量力而行、积极作为的原则，从当前最急需解决的问题入手，加大投入力度，逐步实施公共交通项目建设，要注重衔接完善工作，加强与市“十二五”规划与市城市建设规划相衔接，会议原则同意该规划。

（3）设立优先发展公共交通专项资金并制定管理办法。

2013年上饶市财政局、上饶市交通运输局联合印发了《上饶市中心城市优先发展城市公交专用资金管理办法的通知》，为促进上饶中心城市公交全面协调可持续发展，每年筹集1500万元（其中市本级500万元、信州区、上饶县各400万，开发区200万），专项资金用于公交基础设施建设、车辆更新、设备购置、科技投入、技术改造、从业人员培训、行业监管、考核奖励等支出。随后饶府厅抄字〔2014〕40号抄告单明确公交发展专项资金由原来的每年1500万元提高到2500万元（其中市本级1000万元，信州区、上饶县各600万元，开发区300万元）。

（4）设置公交专用道。

上饶市中心城区公交车线路网长度为73.22km，2015年在广信大道设置了4.1km的公交专用车道，公交专用车道设置率为5.6%。

（5）建立公交智能调度系统，提高信息化管理水平。

上饶公交实施智能调度信息化改造从2012年开始立项调研，2013年测试建设，2014年起在所有营运车辆、站台上全面推广使用。目前，上饶公交智能调度平台能实现对营运车辆定位、实时跟踪、车辆信息查询、车辆速度监控和设限报警、电子围栏（车辆运行线路）和车辆状态监控等功能；同时，在对公交车辆的营运调度上可以实现对营运车辆自动排班和调度时刻表的自动生成等功能。

3G视频监控系统包括营运车辆视频监控系统和站台视频监控体系两个部分。自2013年以来，上饶市公交公司与上饶移动、联通、电信三家运营商合作，截至2015年底，已陆续对274辆营运车辆安装了摄像监控设备并正常投入使用。

其中，3G视频监控系统可以对营运车辆、驾驶员及站台进行实时视频监控，车厢内及车前录像可存储回放，车载报警联动、手机监控扩展以及电子地图等功能得以实现。

乘客服务系统主要包括IC卡系统、电子站牌和掌上公交等子系统。其中，IC卡刷卡收费从2009年开始实施至今，技术上已相对成熟，发卡量也逐年递增，除刷卡收费外，还可以实现语音自动报站和安全行车警示语音提醒等功能；电子站牌从2015年开始试行，在市公交公司和市中心广场站台设置了两处电子站牌；由于道路状况、交通状况限制很难保证营运车辆准点到站报站，使用效果并不明显，所以未推广使用；掌上公交是2013年开始由上饶公交和上饶移动合作对智能手机客户端推出的一款用手机实时查询目标公交距离候车站台的站点数、预设候车闹铃提醒等功能的实用小软件，可以帮助乘客候车做到心中有数。随着智能手机的推广普及，掌上公交的使用变得非常广泛并受到使用者的好评。

2015年6月起，上饶市公交公司与上饶市电信公司合作首期在234台公交车辆上安装了无线网络，供公交乘客免费上网，由于试用效果良好，上饶市公交公司将继续在更多线路的公交车上安装无线网络，让更多乘客享受免费无线上网的乐趣。

3.大力推进新能源公交车的应用

大力推广新能源公交车辆。上饶市公交公司于2014年和2015年分别购置了90辆、40辆插电式混合动力公交车。2015年，上饶市共有公共交通车辆320.2标台，其中清洁能源车辆（含新能源车辆）有232标台，占比为72.45%。

4.积极宣传城市绿色出行

积极宣传无车日活动。以“关爱城市·绿色出行”为活动主题，制定了《上饶市2015年中国城市无车日活动组织方案》《2015年中国城市无车日倡议书》。活动期间，通过组织机关人员和青年志愿者到社区和大街共发放宣传手册4000余份；通过利用公交站台、车身、车内LED滚动字幕进行广告宣传；通过在主城各广场设置展板及咨询台的方式对活动进行宣传，最后圆满完成了2015年无车日活动的宣传和各项组织工作，并取得了良好效果。

五、枣庄市——打造城市BRT交通网络、加快建设智能公交

（一）城市发展定位

枣庄市是山东省南部的一个地级市，地处鲁中南低山丘陵南部地区，属于黄

淮冲积平原的一部分，下辖市中区、峄城区、薛城区、台儿庄区、山亭区、滕州市五区一市。交通极为便利，区位较为优越。城市形态正由单一中心型向组团式带状发展模式转变。2017年，城区常住人口约100万人，建成区面积149.3km^2。

（二）交通发展现状

交通运输业平稳发展。2017年，枣庄市完成公路客运量2497万人，旅客周转量177236万人·km，分别增长0.2%和1.0%；公路货运量6288万t，货物周转量1500703万t·km，分别增长18.5%和9.7%。水路客运量104.34万人，客运周转量371.40万人·km，分别增长14.0%和13.9%；水路货运量866.91万t，货物周转量349637万t·km，分别增长7.4%和7.4%。港口货物吞吐量731.30万t，下降23.6%。

基础设施不断完善。新台高速动工建设，枣菏高速、高铁换乘枢纽、快速公交B6线、枣木高速东延、沂台线南延等加快施工，枣庄机场完成规划选址。交通基础设施完成固定资产投资34.94亿元，增长53.0%。2017年年末公路通车里程达到8574.3km，其中国道281.2km、省道648.4km、县道587.9km、乡道638.9km、专用道64km、村道6352.3km。枣庄市成为全省第二个实现镇街公交全覆盖的城市，入选全国公交都市创建城市。

随着枣庄公共交通的建设、多条快速公交的开通运营，2015年，枣庄市中心城区公交出行分担率达到20.8%，高于山东省平均值20%；非机动化出行方式（步行与自行车）占居民出行的一半以上，高达55.94%，短距离出行以步行为主；私人小汽车与单位配出行比例不高，约占8.52%（图3-3）。

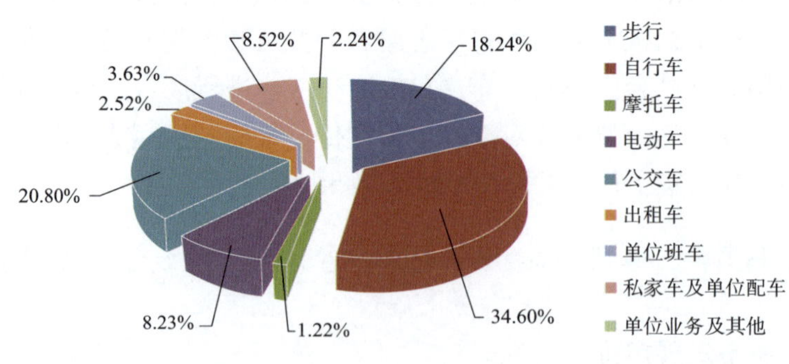

图3-3　枣庄市中心城区出行方式结构

（三）交通低碳发展的主要特征

枣庄市是东部平原或低缓丘陵地带BRT引导城市组团式发展的最佳实践案例。目前，枣庄市中心城区共有42条公交线路，包括8条BRT线路和34条常规公交线路。其中，BRT线路以长距离跨区线为主，用于快速联系各区及各功能组团，常规公交线路主要以区内线路为主，也包括部分长距离的跨区线。枣庄市快速公交线网现状和规划布局见图3-4。

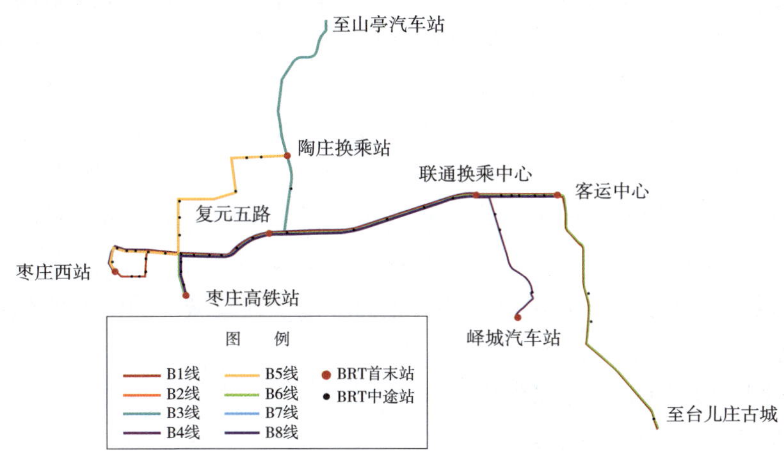

图3-4　枣庄市快速公交线网现状和规划布局

1.打造城市BRT交通网络

枣庄是典型的组团型、资源型城市，为实现资源共享、一体化发展，枣庄市政府提出“同城化”的发展战略。枣庄市中心城区三大组团（市中区、薛城区、峄城区）空间距离较远、跨区出行时耗较长，有限的道路交通条件和交通通行速度，造成组团间的轴向出行不便，制约着枣庄各区之间的区域沟通和交流，成为枣庄市同城化发展战略的障碍之一，这也是组团型城市发展普遍面临的共性问题。

在此背景下，2009年，枣庄市委、市政府提出加快同城化发展，加强组团城市之间的区域沟通和交流，强力推进“造价低、见效快、灵活性强”的BRT建设，以适应大量跨区出行需求，强化东西城区之间的快速交通联系，减少城市组团间的时间距离，使枣庄这样典型的组团型城市能充分发挥城市结构上的优势，做到“分而不散”。

枣庄市BRT建设运营以来，通过“路权优先、信号优先、政策优先”有力保证BRT运行的快、准、捷、廉、好；建成启用联通换乘中心，并新增15路、25路、35路三条免费接驳换乘线，进一步发挥BRT快捷、方便的优势；投放大容量BRT清洁能源公交车，保障BRT运行的舒适性；逐步增加BRT运营线路，扩大城市公共交通快速通勤服务的覆盖率，让80%以上的市民和外来游客享受到便捷高效的城市交通出行服务。2012年10月，交通运输部办公厅《交通情况与交流》刊发了枣庄市发展快速公交的主要做法，并呈报交通运输部相关领导，枣庄特色的BRT发展模式得到初步认可，交通运输部在全国开始推广这种模式。同时，“枣庄BRT”成功当选“中国道路运输领袖品牌”，成为全国11个当选的品牌之一。

截至2017年，枣庄市共开通8条快速公交线路，通车总里程达148.5km，实现了BRT市辖区全覆盖，成为全国最长的BRT运行线网。枣庄BRT不仅有效落实了公交优先战略，较好解决了群众出行和交通拥堵问题，改善了城市综合环境质量，更是拉近了政府和百姓的距离，提高了市民群众的生活质量，日渐成为市民的生活方式。实现了“公交的成本、地铁的效果、市民的生活方式”，开启了枣庄同城化发展的新纪元，对实现公共服务均等化、促进城乡经济发展起到极大的促进作用。

2.打造基于BRT的一体化综合衔接

（1）加大枣庄BRT规划建设。

结合枣庄市城市规划建设，并与城市组团结构相适应，在现有快速公交线网的基础上新增与调整公交线路，建立层次清晰、干支结合的公交线网，干线与馈线建立良好的分工协作关系，从而扩大快速公交服务范围，形成以公共交通为导向的城市土地开发模式。通过与常规公交的合理分工，密切配合，将BRT系统优化成为多层次“干线—馈线”结构，通过常规公交进行分区内部的接驳换乘，提高了运能利用率；同时，根据需要设置“站站停”与“大站快线”的不同层次区间线路，满足差异化出行需求（图3-5）。

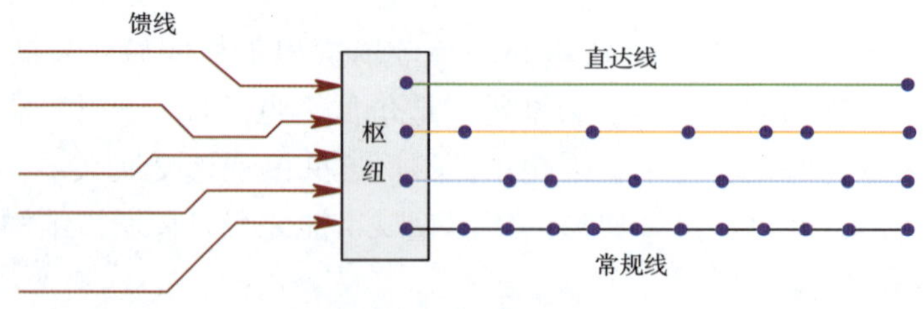

图3-5　规划多层次“干线—馈线”结构示意图

在公交都市创建期间，根据各城区位置、区域功能定位及交通需求，枣庄市计划在山亭与中心城区、台儿庄与中心城区之间各规划1条BRT线路。

（2）加强与其他交通方式衔接。

至2020年，枣庄市将形成由9条BRT线路组成的快速公交线网，快捷联系五区一市。为实现快速公交线路间的快捷换乘，从客流换乘的需求考虑，同步规划建设快速公交换乘站，分别为：祁连山路换乘站、凤鸣湖换乘站、店韩路换乘站、解放路换乘站和峄城换乘站。换乘站由换乘通道和站台组成，乘客经由换乘通道到达需换乘线路的站台乘坐快速公交。

同时，进一步加强城市公共交通与其他交通方式的衔接，推进与城市综合客运枢纽相配套的城市公共交通场站和换乘设施建设，提高换乘效率。2017年前，重点对高铁站、客运换乘中心等客运站公交配套枢纽进行建设和完善。

（3）推进BRT站点交通一体化。

步行系统衔接：依据客流需求，通过集散空间、步行通道和过街设施，实现人流和车流的分离，建立立体化的步行系统。

自行停车场设施衔接：按照各区域客流衔接的需求和用地特性，满足传统自行车和电动自行车的换乘需求。

常规公交衔接：主城核心区以整合公交线路为主，优化中途停靠站的位置、规模和设置形式；外围区和外围组团，在优化中途停靠站的同时，重点增设和加密公交线路。

小汽车设施衔接：结合对外公路、高速路及城市主干道与轨道交通接口位置，在距离接口位置的车站周边，拦截外围长距离小汽车交通流，设置“P+R”停车场，鼓励和引导市民通过停车换乘方式进入中心城区。

出租车设施衔接：通过设置出租车候车区和临时停靠站，以规范停车、定点停靠。

（4）扩大公交换乘优惠范围。

BRT与常规公交之间方便换乘不仅需要线网的优化以及换乘枢纽的建设，也离不开以人为本的换乘政策。公交都市创建期间，枣庄市将进一步加大财政扶持力度，扩大换乘优惠范围，逐步降低乘客换乘成本。

研究理顺票价结构，统筹兼顾各方关系，形成科学合理的公共交通票价体系，逐步降低市民出行成本。2018年前，研究制定公共交通换乘优惠实施方案，扩大在常规公交线路的推广运用，并对换乘优惠方案进行评估，运用“一卡通”

技术，扩大公共交通方式的换乘优惠线路和范围。

枣庄市立足于提高群众满意度，以BRT为引领，创树公交品牌，提升公交形象，将其打造成枣庄的“城市名片”。

3.公交优先设施

为提高公交车辆运行速度和正点率，增强公交吸引力和竞争力，枣庄市积极推动改善公交运行环境，建设公交专用车道网络，保障公交路权优先。同时，为确保BRT车辆运行畅通，BRT线路全部设置公交专用车道，实行标线隔离、路权专用；沿线设置高密度视频监控设备和电子警察抓拍系统，及时查处违规车辆，确保BRT车辆畅通运行。截至2015年，中心城区设置公交专用车道的道路中心线长度为231.2km，公共汽电车线路网总长度为343.1km，公交专用车道设置比率为67.4%。

公交信号优先方面，枣庄市还借助BRT系统的建设，逐步建立起了主干道交叉口公交信号优先通行系统和在禁左路口允许公交车辆左转等措施。同时，为保障BRT车辆通行速度，采取红灯早断、绿灯延时的方法，减少BRT车辆等候红灯和通过路口的时间，最大限度地保证快速和准点。

4.建设智能公交系统

2010年8月，枣庄开通了BRT快速公交系统，由于采用了专用车道/信号优先和智能调度系统，使得车辆到站准点率提高。借助枣庄BRT的智能调度系统，枣庄公交实现了智能公交调度（图3-6）。公交智能系统的运用，加快了公交现代化建设步伐，由原来看不见、摸不着的管理模式，转变为现在可视、可控的科学化管理方式。

图3-6 枣庄公交信息智能系统控制中心

枣庄公交信息智能系统主要包括智能调度系统、GPS卫星定位系统、3G车载视频监控系统、场站视频监控系统、乘客信息显示系统、数字广播系统、ERP综

合信息管理系统、掌上公交信息查询系统、枣庄市公务用车管理平台系统、金融IC卡智能收费系统等。

（1）智能调度系统。

智能调度系统通过卫星定位无线传输系统，实现实时监控车辆运营动态；上传车辆各类信息数据；实时查看服务动态，通过大数据分析，实时掌握线路运营情况，合理分配运营资源，合理安排运力，保障乘客出行服务需求，由原来的传统、人为管理模式转变为大数据形式的智能化、科学化可视、可控的管理模式。枣庄智能调度系统主要实现了发车调度、GIS监控、车辆运行图、历史回放、违规报警查询等功能。

（2）3G车载视频监控系统。

3G车载视频监控系统通过在车辆内安装监控摄像机与3G无线数据传输技术相结合，实现车辆视频本地存储、远程监控功能。通过该系统可实现查看车厢内客流量情况，监督驾驶员驾驶操作及服务，为公安部门、治安及刑事案件提供视频资料，为车辆事故的责任辨别提供视频依据。

（3）场站视频监控系统。

枣庄场站智能视频监控系统通过监控摄像机与有线网络数据传输相结合，实现场站远程视频监控管理，保障车场、车辆、乘客的安全，并通过监控系统，实时查看客流量情况，合理调度车辆班次。

（4）ERP综合信息管理系统。

ERP系统是一个综合的企业管理信息系统，包括安全管理、人资管理、营运管理、物资管理、票务管理、机务管理、服务管理、系统管理与决策分析。ERP综合信息管理系统是一套先进的管理工具，用来固化和优化企业的业务流程，建立企业各职能部门之间的高速信息通道，使企业内部信息能够及时准确传达，为企业的精细化管理提供全面的数据支持，为公交企业的科学、可持续性发展提供动力保障，通过科学的数据分析功能，为企业提供有效的管理和决策。

（5）掌上公交信息查询系统。

2015年为提供“低碳环保、绿色出行”，引导广大市民选择公交出行，拓展公交所承担的市民出行服务功能，在智能公交调度平台基础上，通过把GPS实时定位、移动互联网、智能公交等先进技术相融合，建设了枣庄掌上公交系统。该系统通过客户端，实时查询公交车辆静动态线路信息，包括公交车辆的到站、离站、换乘等信息，并适时安排乘客的乘车计划；同时，该系统还能为市民提供线路查询、站点查询、车辆查询、导乘服务、地图定位、到站提醒、失物招领等功能服务，满足了广大市民的乘车需求并提高了公交服务水平。该系统的建设和推广使用，为乘客出行带来极大便利，推动了智能化、数字化城市建设，受到政府的肯定和市民的好评。目前枣庄掌上公交主要实现了线路查询、站点查询、车辆查询、导乘、周边查询消息、我的收藏、失物招领、意见反馈、包车服务、设置、版本更新等功能。

（6）枣庄市公务用车管理平台。

为政府公车改革项目顺利实施，在公交智能平台的基础上，研发公务车管理平台系统，满足政府公务用车改革需求。

（7）金融IC卡智能收费系统。

枣庄金融IC卡智能收费系统既能满足乘客的不同付费需求，又能缩短乘车过程，快速集散乘客，提高车辆运行准点率，也能为公交行业的金融管理带来便利，同时能够实现枣庄银联卡、普通卡、敬老卡、学生卡、阳光卡、爱心卡等卡的乘客刷卡需求。目前，枣庄公交所有车辆智能卡机设备已经安装完毕。公交企业通过无线传输通道，实时掌握刷卡及客运量，通过大数据分析，掌握高峰、平峰、低峰时客流情况，从时间上、空间上合理配置线路班次。

5.加快新能源公交推广

为推进节能减排，加大新能源公交车推广力度，为广大市民出行提供低碳、环保、舒适的乘车环境，在2015年招标购置240辆纯电动公交车的基础上，2016年，枣庄市又通过筹措资金，购置纯电动公交车140辆，对部分公交线路老旧车辆进行了及时更新。近年来，枣庄市在优化完善BRT和常规公交线网、打造温馨服务品牌的同时，不断加快推进科技创新和低碳公交体系建设，大力推广新能源公交车，并投入到公交线路运行和车辆更新，有效保证了公交线路运营，为市民出行提供了低碳环保的乘车环境，更好地满足了市民乘车需求。目前，枣庄市绿色公交车辆比例达到43.8%。

六、济源市——发展绿色交通、建设公路通道碳汇林

（一）城市发展定位

济源市，是河南省省辖市，位于河南省黄河以北。2003年被列为河南省中原城市群9个中心城市之一，2005年升格为河南省18个省辖市之一（相当于副地

级）。2016年末，济源市户籍人口达70.31万人，常住人口达73.3万人，面积约1931km^2，建成区面积为40km^2。

（二）交通发展现状

济源市城乡总体规划在空间层次上划分为市域、城乡一体化核心区和中心城区3个层次。其中，市域即济源市所辖行政区划范围，总面积1931 km^2；城乡一体化核心区范围包括中心城区、玉川组团、曲阳湖组团和沿黄组团；中心城区规划范围为：北至北环路，南至南环路、S309，东至207国道，西至西环路，规划控制面积80 km^2。

济源市始终坚持以科学发展为主题，以加快转变经济发展方式为主线，持续探索四化同步科学发展的新路子，经济社会发展持续了好的趋势、好的态势、好的气势。工业经济蓬勃发展，已形成钢铁、铅锌、能源、化工、装备制造、电子信息等支柱产业，是全国最大的铅锌基地和河南省重要的钢铁、能源、化工、机械制造基地。目前，济源正在加快生态水系建设和城市改造提升，向建设创新创业之城、精致大气之城、美丽宜居之城、山水文化名城的目标迈进。农业规模化、产业化、标准化水平持续提升，已形成蔬菜、烟叶、薄皮核桃、冬凌草、畜牧五大特色产业，被命名为全国首批国家现代农业示范区。

2017年，济源市公路总里程达3651.5km，其中高速公路通车里程97.5km，干线公路总里程479km，农村公路总里程3075km。全年公路货运量和货物周转量分别为2294万t和566019万t·km；客运量和旅客周转量分别完成721万人和48983万人·km。

济源市在经济快速发展的同时，十分重视节能减排和环境保护工作，目前拥有国家级卫生城市、国家级森林城市、国家级园林城市、中国优秀旅游城市、中国人居环境范例奖、全国城市环境综合整治优秀城市、全国水土保持示范城市、中国最具幸福感城市、全国绿色交通试点城市等荣誉称号。

（三）交通低碳发展的主要特征

在济源市委市政府的领导下，通过先行先试、突出特色，全力推进绿色交通城市建设，主要做法如下。

1.充分发挥政府主导作用，凝聚绿色交通建设合力

2014年，济源市政府专门成立了由主管交通的副市长任组长的济源市建设绿

色循环低碳交通运输城市区域性项目工作领导小组。在推进过程中，市委高度重视，市政府统筹规划，充分发挥政策叠加优势，利用国家为试点城市营造的良好政策环境，将绿色交通试点城市建设与国家低碳城市试点、国家智慧城市试点项目融合共建，形成了强大的推动作用。

济源市交通运输局也成立了绿色循环低碳交通城市建设试点推进工作领导小组，一把手亲自挂帅，各部门通力协作，建立了绿色交通的信息上报制度、例会制度、牵头联系制度，将其作为交通运输工作的重中之重，着力抓好各项工作推进实施。

2.充分发挥政策导向作用，全力推进绿色交通发展

济源市政府先后出台了多项涉及交通运输行业绿色循环低碳交通运输体系建设的政策措施，对加快推进智能交通建设、推进城乡公交绿色发展、公路通道碳汇林建设等做出明确要求，并在财政、税收等多方面给予支持。

（1）加快推进智能交通建设。低碳城市建设离不开绿色交通建设的支持，绿色交通建设作为低碳城市建设的一个重要组成部分，济源市交通运输局构建了以智能交通引领绿色循环低碳交通运输体系的城市交通发展目标，大力加强交通运输智能交通与信息化建设，主要开展综合执法系统建设、出租车电召和税控系统建设、公众出行服务系统建设、营运车辆卫星定位与行驶信息监控系统建设和公交车IC卡系统建设，并率先在全省实现手机SIM卡公交支付系统，为加快推进绿色交通的发展提供了强有力的支持。

（2）积极推进城乡公交绿色发展。结合《济源绿色循环低碳交通运输中长期发展规划》的思路，重点做好四个方面的工作：一是加快收购民营挂靠车辆，从城市到农村客运全部实行公司化运营；二是积极推广新能源客运车辆，大力发展CNG、LNG和纯电动公交车，不断加大双燃料出租车更新力度，实现了全市100%的公交车和100%的出租车均为清洁能源车辆；三是积极争取加大财政补贴力度，建立规范的补贴补偿机制，按照公交惠民的原则，合理降低城乡公交票价，引导人民群众绿色出行；四是开展公共自行车服务系统建设，实行“一小时内免费”的优惠政策，倡导群众选择绿色健康的出行方式，为解决“最后1km”难题营造了良好环境。

（3）大力开展公路通道碳汇林建设。济源市政府连续多年实施“3+1”工程（即造林绿化、农田水利建设、土地开发整理和村容村貌综合整治），紧紧依托“3+1”工程大力开展公路通道碳汇林建设，每年从财政资金中列支约1500万

元支持公路通道碳汇林建设。2012年以来，全市共投入资金1.52亿元，栽植苗木1262万株，为打造生态济源、文明济源、美丽济源奠定了坚实的基础。

3.充分发挥资金杠杆作用，加快绿色交通项目建设

2014年以来，济源市交通运输局积极鼓励企业更新使用新能源车辆，淘汰低效能、高污染的营运车辆，为加快车辆更新力度，按照“补贴+奖励”的原则制订了补助资金分配方案，并对资金补助方案进行公示，及时下发补助资金，发挥资金杠杆作用，调动企业推动项目的积极性，有力保障了项目开展。截至2017年6月底，济源市参与项目申报的客、货运企业和驾校共完成投资2.8亿元，用于购置新能源客车205辆（其中油电混合和公交车95辆，纯电动公交车110辆），LNG货车340辆，更新双燃料出租车452辆，更新CNG教练车203辆，充分发挥了济源市在客、货运行业和驾培行业新能源汽车应用方面的示范引领作用。同时积极开展公共自行车服务系统建设，全市目前共投放1000辆自行车和1200个锁车器，极大地方便了人民群众的绿色出行。

4.坚持科技支撑，加大节能减排科研和低碳技术推广力度，促进资源循环节约利用

一是充分发挥科技创新在绿色循环低碳交通运输发展中的先导性、支撑性作用，将绿色循环低碳理念贯穿于交通基础设施规划、设计、施工、运营、管理和养护全过程，大力倡导绿色低碳规划设计理念。二是开展农村公路绿色循环低碳安保项目建设，在农村公路安保建设中，因地制宜，就地取材，充分循环利用废弃资源，用科学环保的方法和较少的投入取得了较好的安全效果。三是集约使用建设资源，大力推广厂拌乳化沥青冷再生技术、路基及路面冷再生施工技术、温拌沥青技术等节能减排技术在公路新建、改扩建及大修工程中的应用。四是加大天然气沥青拌和站推广应用，目前已改造完成天然气沥青混凝土拌和站一个，新建沥青天然气拌和站三个。五是在省道、市域主干道等新建改建路段中逐步普及风电互补、太阳能照明技术等绿色照明技术，并积极推广了合同能源管理模式在公路工程中的应用。

经过多年的努力，济源市初步构建了低能耗、低污染、低排放和高效能、高效率、高效益的绿色循环低碳交通运输体系，初步实现了济源市交通发展方式的“五个转变”，即交通发展由粗放型向集约型、高效型转变，交通服务由基本保障型向优质高效型转变，运输方式由独立分散型向综合高效型转变，出行结构由个体机动交通为主导向公共交通为主导转变，交通碳排放由高碳污染

向低碳环保转变。“十三五”期间，济源市将坚持以建设引领全国中小城市绿色交通发展示范市为目标，在绿色交通建设上进一步加强领导，科学谋划，加大投入，务实推进，全面开拓绿色交通建设新局面，为济源市交通运输现代化发展做出新的贡献。

第二节　国外中小城市低碳交通发展经验

对国外中小城市按照气候、地理、经济发展水平的差异分别选取了西班牙的巴塞罗那市、德国的弗莱堡市、丹麦的哥本哈根市、美国的波特兰市、瑞典的斯德哥尔摩市、日本的名古屋市。

一、巴塞罗那——规划超级街区、倡导绿色出行

（一）概况

巴塞罗那（Barcelona）是西班牙第二大城市和最大的港口，位于伊比利亚半岛东北部，主要民族为加泰罗尼亚族，具有典型的地中海式气候，冬季温暖多雨，夏季相对炎热干燥。巴塞罗那市城区面积101.9km^2，城区人口130万人，机动车保有量约220万辆。

巴塞罗那是享誉世界的地中海风光旅游目的地和世界著名的历史文化名城，也是西班牙最重要的贸易、工业和金融基地（图3-7）。巴塞罗那港是地中海沿岸最大的港口和最大的集装箱集散码头，也是西班牙最大的综合性港口。畅通无阻的城市交通，充满活力的公共空间是巴塞罗那给人留下的最初印象，这一切源于巴塞罗那独特的城市规划和致力于改善居民生活的各项举措。

（二）低碳交通的发展特征

为增强巴塞罗那城市交通的可持续性，巴塞罗那市政府发布了《巴塞罗那市可持续交通规划2014—2018》，从城市交通可持续发展的角度制订了从2014—2018年的城市交通规划，并设定了发展目标。规划中，巴塞罗那从交通安全、可持续交通、交通服务均等化和提升交通效率等四个方面采取相关措施提

升交通效率。其中可持续交通措施直接与城市交通及安排相关，并设定了五个目标：a.促进可持续交通方式的转变；b.降低交通源的排放；c.降低交通源的噪声；d.通过交通能源消费结构转变较少温室气体排放；e.提升再生和清洁能源消费比例。而在交通服务均等化中则通过道路的混合使用和保证公共交通系统的可得性来降低温室气体排放。在提升交通效率的措施中巴塞罗那市采取了提升公共交通系统效率和在交通管理中采用新技术提升效率的方式降低温室气体排放。

图3-7　巴塞罗那市区

《巴塞罗那市可持续交通规划2014—2018》涉及总计66项行动方案，其中7项针对步行出行，13项针对自行车出行，19项针对公共交通出行，9项针对城市物流，18项针对私人机动化出行，着重从城市规划、公共交通、慢行交通和私家车使用几个方面介绍巴塞罗那的发展经验。

1.实施超级街区规划

在城市规划中，巴塞罗那引入了“超级街区”（Superblock）的概念，即在一个街区内通过地桩等进出管理的基础设施禁止街区外居民的私家车等机动车辆进入（即行人拥有优先使用道路公共空间的权力），但同时允许自行车等慢行交通和城市建设、消防、救护等应急车辆通行。此外，公共自行车租赁和自行车道、公共交通系统以及城市货运集散站点围绕街区周边道路建设，方便街区内居民出行。巴塞罗那市区被主干道分割成为上百个“超级街区”（图3-8），并在“超级街区”内进行了土地综合开发，街区内可以提供休闲、娱乐、活动等场所，减少了居民社区内不必要的机动化交通出行，从而在社区内实现了降低交通源温室气体、污染排放和噪声污染的目的。

图3-8 巴萨罗那超级街区规划

具体措施是：

（1）街区内部道路的宁静化、街道拓宽和舒适的步行区；在超级街区内部不允许不在此居住的居民的私家车进入，超市或商场的货车也只能在每天的固定时间进入。

（2）在街区间道路的十字路口增加城市绿色空间和休憩、健身的公共设施。

（3）在超级街区内部区域通过设置更多的直线路径并减少交通灯的等待时间来提高步行效率。在一个3×3网格的小街区结构中慢行出行效率将提高15%（图3-9）。

（4）确保学校周边的交通最大程度的安全、可达和连续；鼓励更安全的交通，如步行、骑自行车和公共交通，加强学校环境的道路法规，使学生在没有成人的陪同下安全舒适地往返于学校和家之间。

巴塞罗那市倡导在街区内短距离出行采用慢行交通方式，最大程度上分隔了机动化与非机动化出行方式，在增强骑行、步行出行安全的同时避免了车辆尾气对行人的影响。在“超级街区”内，采取多种方式最大限度地提升步行和自行车出行的舒适度，例如提升相关步行设施、明确标识、提供长椅方便休息，在学校周边设置隔离和减速设施。即便被允许进入的机动车时速也被限定在10km/h以下。超级街区的设立目的在于控制居民社区内机动车的出行，保护了社区内的空气质量和生活环境，同时为非机动车交通方式创造了良好的外部环境（图3-10）。

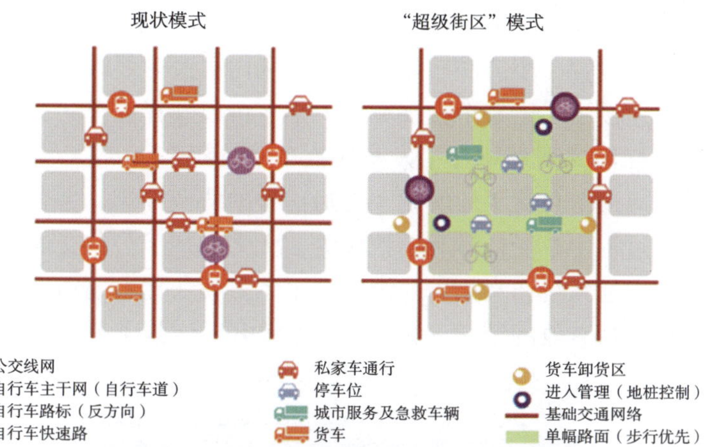

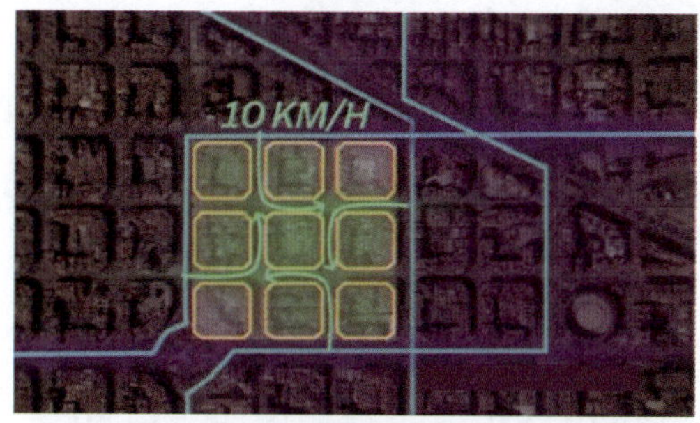

图3-9　巴萨罗那超级街区

图3-10　巴塞罗那市某一街角的公共休闲区

2.重新规划并实施方格网状公共交通线网

通过交通线网规划提升公交效率可有效地减少温室气体排放。巴塞罗那市整体道路规划是方格网状道布局，公共交通线网依托城市形态，采用新的直角布局线路网（图3-11），公交车辆沿道路水平或垂直行驶，使居民无论到市内任何一点均只需换乘一次，保证了公共交通的通达性，公交车辆在行驶过程中尽量避免在交通冲突点转向而产生的延迟，也避免了公交线路的重复。在站点设置方面，每三个街区设置一个公交车站，方便街区内居民等候或换乘，此外，还在重要的道路节点建设了二十余个换乘车站，乘客可以选择在公共交通系统中免费换乘。在运营方面巴塞罗那增加了发车频次，平均每5~8min发车一次。修建了公交车专用道，通过信息化手段实现了交通信号的协调控制，为公交车设置了“绿波”，在行驶过程中享受信号和路权优先，大大增加了公共交通的运行效率。巴塞罗那的公共交通系统布局简单、清晰明了、方便快捷且与市内其他交通枢纽和公共交通系统进行有效的结合，大大方便了乘客，增强了公共交通了吸引力。

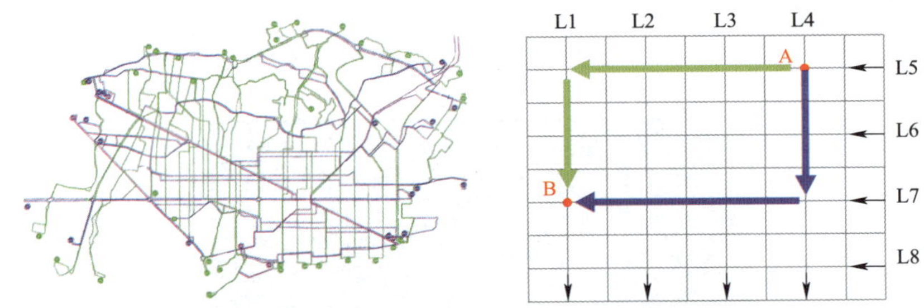

图3-11　巴萨罗那城市公共交通网络

3.倡导慢行交通出行

巴塞罗那市计划到2018年，步行街区面积由2014年的74.5hm²增加到750hm²。而对于自行车，2014年，自行车路网300m范围覆盖市区内72%的居民，计划到2018年达到95%的覆盖率。

巴塞罗那市的自行车交通具有以下几点特色。

（1）连续、安全、舒适的自行车路网。

到2018年，自行车路网300m范围覆盖了巴塞罗那市95%的人口，路网长度达300km。

图3-12　巴塞罗那市“奢侈”的慢行道

自行车道有的与步行道并行有的与机动车道并行。设置6m宽的步行道和2m宽的双向自行车道，两边通过绿化带隔离。机动车单行道宽仅有3m，与机动车道相比，慢行道相当“奢侈”（图3-12）。与机动车并行在同一平面的自行车道大部分设有隔离设施。自行车道设置软隔离（图3-13）。为了保证自行车的连续性和安全性，一般在路口设置较高的物理设施与机动车进行隔离，并设有鲜明的自行车道标识和颜色来提醒机动车驾驶员，在道路交叉口设置自行车道隔离设施（图3-14）。

图3-13　巴塞罗那市自行车道的软隔离

图3-14　巴塞罗那市道路交叉口的自行车道隔离措施

（2）方便的自行车停车设施。

作为常规的出行方式，自行车需要在出发点和目的地都有一个安全的储存空间，如城市公共设施附近、公园、广场、换乘处、自行车路网本身。2013年，巴塞罗那市平均每隔100m就有一个自行车停车点，覆盖了32%的人口居住区。图3-15为某一街心自行车停放处。

图3-15　巴塞罗那市某一街心自行车停放处

（3）与公共交通的便捷换乘。

为鼓励中长距离的绿色出行，自行车与公共交通的结合是最适宜的途径。在交通站点提供安全便捷的停车设施、修车处、租赁点或其他服务，如停车设施配有一种电子报警系统可以保证短时或设定时间内的安全。

需要提到的是，在巴市，“P+R”的P为公共自行车的停车场，在地铁站外设置公共自行车停车场，以方便自行车骑行者换乘轨道交通（图3-16）。比如，在我国停放200辆小汽车的“P+R”，换成自行车的话，可以停放6000~7000辆。因此，在当前我国大城市普遍拥堵的情况下，提出仍为小汽车服务的“P+R”发展模式，其实质不过是对小汽车使用者的再次补贴，无论从解决拥堵问题上还是从社会公平的角度来看，都应适度谨慎发展。

图3-16 巴塞罗那市某一地铁站外的公共自行车停车场

（4）高效的公共自行车系统。

巴塞罗那市是世界上公共自行车系统发展较好的城市，由于具有安全、连续、舒适的自行车路网，舒适完善的自行车装备，公共自行车成为市民骑行的首选。

在街头随处可见公共自行车租赁站点，每个站点均配备刷卡机并附有周边停车点地图。靠近路口处设于道路中间的公共自行车站点，这种道路资源的分配方式很人性化，右侧为自行车道，左侧为单向的机动车道，这样既形成了机动车道与自行车道的物理隔离，保证了骑行安全，也方便了骑行人的租还。

与欧洲大部分公共自行车租赁模式一样，巴塞罗那市的Bicing也采取了公共部门与私人企业合作的模式，由一家传媒公司（Clear Channel）负责运营，市政府每年给运营商一定数额的资金用于项目的运营和维护，而政府用于这项事业的资金则来源于一个称为“绿色区域”的停车管理收费系统。

居民通过会员形式办卡租赁，每年会费是30欧。使用30min内归还免费，如果超出30min，则会依据超出时间被收取至少0.3欧元。统计显示，95%的自行车都在30min内被归还，这确保了有限的自行车得到高效的使用。在2011年，44%

的自行车出行是使用的公共自行车，工作日平均出行次数达到34000次。

4.复合型公共空间与城市交通一体化及慢行空间的构建

尺度适宜的街区及与其配合的规划体系是建设宜居城市的基础。中国还没有规范要求，但一般认为150~200m的街道间距，是适合高质量步行生活需要的。19世纪，塞尔达（Cerda）规划了采用113m×113m交通网格的城市扩展区，使巴塞罗那逐渐形成了典型的基于慢行交通网络的城市布局形式。20世纪70年代，巴塞罗那工业出现严重衰退，城市污染严重，环境质量恶劣。随着20世纪80年代弗朗哥政权的倒台，新政党为了解决城市衰退问题，在巴塞罗那推行一系列改善城市公共空间的措施。其中，最重要的是恢复因机动车影响而丧失的城市活力，创造了一系列与城市交通系统相融合的公共空间，成为巴塞罗那构建“紧凑城市”的一个重要活力引擎。主要有三项具体措施。

（1）整合小型公共空间与交通基础设施。

在顺应原有城市肌理的基础上，用有限的资金在短期内改造大量小尺度公共空间，从而迅速缓解主城区公共空间不足的问题，恢复区域公共活力。在20世纪80年代，巴塞罗那主城区被私人机动车所占据，大量街道和广场空间变为停车场，成为城市最拥堵和混乱的区域。通过简单而高效的干预措施，重新梳理地面机动车和步行交通流线，在公共空间地下设置停车场，对地面空间进行合理划分并创造丰富的公共活动空间，进而解决主城区交通基础设施和公共空间不足的双重矛盾。改造后的公共空间重新恢复了往日的活力，成为老城复兴的激发点。

（2）重塑以步行为主的城市街道公共空间轴线。

在城市更新的背景下，巴塞罗那开始优先考虑人的使用体验，梳理城市步行街道系统，有目的地缩减一部分道路的地面机动车交通流，重新塑造一系列满足现代城市需求同时融合传统特色的街道公共空间轴线。重塑的4条主要街道（对角线大街、格兰大道、梅丽迪亚纳大街、帕拉莱尔大街）串联了城市重要的公共区域（老城区、南部滨海区、大型公共空间、主要公共建筑）等，构建了一个便捷的城市步行系统，使巴塞罗那重新回归一个真正人性化而富有活力的城市。这些街道的地面空间被重新划分，通过缩减地面机动车道，限制其通行速度，为引入新的公共功能预留出更大的空间。这些线性的公共空间带为城市居民提供了便捷、安全的步行通道，并且串联了街道周边的城市广场和公园，形成了一条能够凝聚整个街区，富有吸引力的公共廊道。这些公共廊道的设计手法一般为中央是步行空间，两侧为单向机动车道。中央步行区种植两排高大的悬铃木，形成连贯的遮荫区，并设计有露天售卖区、小型广场、公共艺术展示区、水景、露天座椅，为日常交往、休闲、公共集会、商业集市等活动提供了亲切、自由的空间。

为了降低由于机动车道缩减对城市功能的影响，许多街道公共空间轴线在地下设计有停车场、快速车道和大容量公共交通运输系统，以满足城市基本的快速交通运输需求。如兰布拉·巴达尔大道中间26m宽的区域被设计为3层交通空间，最下层为快速机动车道，中间层为停车场，最上层为步行空间、树林草地、儿童游戏场和休闲广场，形成了一条1.6km长的绿色廊道。

（3）复合型公共空间与多层次城市快速路系统。

随着城区内大量小型公共空间和街道公共空间轴线的形成，巴塞罗那迫切需要构建一个更加高效的城市快速路系统，对穿越城区的机动车进行分流，以缓解城市内部由于大量机动车空间回归公共空间而产生的交通压力。借助1992年奥运会的发展契机，巴塞罗那在19世纪塞尔达规划形成的街区布局的基础上，提出了修建环路系统（CINTURÓN）的计划。巴塞罗那环路系统注重对多层次城市空间的复合利用，采用了多样的空间断面形式，将城市过境快速交通安排在相对较低的空间层（约占环路交通总量的1/2～2/3），地面层主要设置宽度较窄的慢速机动车道路（图3-17）。道路断面结合具体的城市环境条件，进行复杂而精心的设计。在地面层尽可能创造更多的公共空间，软化道路边界，增强道路两侧城市空间的联系性。步行道的下方被设计成为停车场，地面空间的设计也相对灵活，可以为未来的城市转型提供多样的可能性。

图3-17　精心设计的多层次道路系统

利特若步行道（Litoral Promenade）（图3-18）利用了下沉环路与城市间的空隙地带，重新建立城市与海洋间的联系。步行道中穿插于植物带中的平台向大海的方向微倾，并通过连续变化的双色铺装带来朝向大海的视觉引导，让使用者不容易察觉到与海滩间下沉环路的阻隔。

图3-18　利特若步行道

5.引导城市居民出行

第一，巴塞罗那市创造性地将慢行系统与公共空间进行融合，使交通出行融于生活交往之中，给慢行者以高品质的享受，吸引了居民慢行出行。第二，设立高承载车道（HOV）和公交专用道，限制私家车的使用，从而使交通方式转移到慢行交通和公共交通中。第三，鼓励采用新能源车辆，修建了250个充电站点（50%为路边充电站），并对其进行政策倾斜。截至2014年12月，巴塞罗那市公共交通系统已经引进了132辆混合动力公交车和3辆纯电动公交乘车。第四，对于电动平衡车、电动自行车等新型节能交通工具的使用给予法律支持。最后，巴塞罗那还将城市道路信息与手机终端相结合，为居民提供城市道路、公共交通相关信息，通过手机终端可购买电子车票。通过多种引导措施吸引居民选择相对低碳的方式出行，减少因交通产生的二氧化碳排放。

6.开展能力建设

为更好地实现《巴塞罗那市可持续交通2014—2018》设定的目标，巴塞罗那市政府还将修订完善相关的法律法规，重新定义和提升了慢行交通、“超级街区”等规划理念的地位和电动平衡车、电动自行车的路权。巴塞罗那市政府还开展了交通出行训练和教育，提升骑行者的权利和需求意识。

二、弗莱堡——实施需求管理，建设生态型综合交通系统

（一）概况

弗莱堡（Freiburg）位于德国西南边陲，是德国巴登—符腾堡州的直辖市，人口22万，面积153.07km^2，是德国最温暖、阳光最灿烂的城市，也是德国最古老、最具旅游吸引力的城市之一（图3-19）。作为绿色城市的典范，弗莱堡在气候保护、能源利用、交通规划、垃圾处理等方面都有较好的经验。1995年，第17届世界“创造适宜居住的城市”大会在弗莱堡举行。弗莱堡人性化、生态化的可持续发展及城市环境在德国乃至世界被公认为最成功的典范，并因此获得了众多殊荣，包括德国“环保首都”、欧洲“短距离交通奖”等。

图3-19　弗莱堡市区

根据对弗莱堡城市各区域居民交通方式的调查，步行方式在短距离中是最有价值的方式，由于在老城重新设置了范围广泛的步行区，且可达目的地的短距离，步行方式成为主要交通（占69%）（表3-2）。整体绿色交通方式达到98%；弗莱堡市区，私人机动交通所占比重最低（17%），步行交通比例最大（29%）。整体绿色交通方式达到83%；由城市其他区域到老城的方式（除了国内交通到达老城的方式），自行车（大约36%）和公共短途客运交通（大约34%）占据统治地位。私人机动交通总体下降到大约19%（其中14%是独自驾驶，5%是同车搭乘）。弗莱堡内城的来访者中，步行者达到大约11%。整体绿色交通方式达到81%。

弗莱堡老城和老城周边之间的交通方式　　表3-2

城市部分	私人机动交通（包括多人搭乘）	公共交通	自行车	步行
仅老城内部	2%	8%	21%	69%
整个市区	17%	25%	29%	29%
城市其他区域到老城	19%	34%	36%	11%

注：数据来自Mobil Verkehsentwicklungs plan Freiburg 2020[EB/OL].[2009-4-6]. http://www.freiburg.de。

（二）低碳交通的发展特征

弗莱堡位于德国南部巴登符腾堡州。弗莱堡建立了德国最成功的绿色交通系统：步行—自行车—有轨电车。老城区几乎皆为步行区，城市中心内有轨电车、自行车和步行者共享街道，初步实现了曾被认为是乌托邦式的“无小汽车城市”，既避免了城市拥堵、空气污染等，又保护了原有的城市风貌和历史文化，大大提升了城市的宜居性和吸引力。

1.弗莱堡老城步行区

在可持续发展的城市战略下，自20世纪70年代开始发展至今，弗莱堡老城已经成为一个适宜步行的绿色环保城市。在这里，步行者享有自由行动的优先权。市中心商业文化活动空间、餐馆和历史建筑的高密度集中且多元并存，以及无障碍的持续步行交通优先权，都使得弗莱堡成为最富有魅力的步行化城市。

弗莱堡市中心步行区建设在初期同样遇到了极大的阻力。1949年市议会决定对宽阔的主要商业街的五条侧面的小巷限制私人汽车通行，但由于来自各方的抵抗而未能实现。这样，在1950年只有一条使用频繁的主要商业街，即今天的市政厅街（Rathausgasse）被限制私人汽车通行。其余的四条后街虽然在1954年的法律效力下被要求限制私人汽车通行，但直到1968年才得以实施。1959年，宽阔的主要购物的轴线凯撒—约瑟芬街（Kaiser-Joseph-Strasse），在周六限制私人汽车通行，然而，由于零售业主的反对，该措施在两个月后被迫终止。区别于步行区建设的停顿不前，1962年四条市中心环路改造顺利进行，并在1970年完工。环路建成之后，一个大规模停车楼开始建设；同时两个地下停车场作为购物中心的组成部分，在城市边缘的北部也投入建设。1970年代初城市规划策略出现了新动向，保持并加强城市中心的核心地位，推动城市中心具备多功能成为城市发展新方向。这样，作为和其他交通方式的结合，步行区开始得以积极发展。1970—1972年，一些重要的邻近商业街和老城广场被限制机动车通行。自1973年，为了与新的城市交通政策相适应，城市规划相应做出调整，将步行区在老城中的区域化扩张，作为一个无限制的实验。1979年，一个更有利于环境保护的新交通总体规划出台，步行区再次得到广泛发展。通过步行街，许多大、小广场区域被联系在一起，形成一个密集的步行网络。今天，几乎整个弗莱堡老城都是步行区，在市区环路以内的所有活动，都能够通过舒适的步行交通方便到达。此外，多条有轨电车线路穿越老城中心，便于人们搭乘至步行区。步行区的发展建立在市中心零售、服务业、办公、休闲设施的多功能密集的基础上，相互之间距离短捷。弗莱堡内城能够在15min之内实现步行横穿。步行区的标识和人行道标识如图3-20所示。

图3-20　弗莱堡步行区的标识（左）和人行道标识（右）

2.弗莱堡的生态型综合交通系统

（1）城市交通规划政策。

自20世纪60年代以来，弗莱堡就已经开始从以汽车为主导的交通政策中转移，1969年建立了德国最早的“交通总规划”。随后1979年的总体交通规划已经倾向于促进利于环境保护的交通方式。1989年的整体交通规划将环境保护作为主要目标，为了给交通参与者提供有别于小汽车的选择，加强低污染环保交通方式（步行、自行车以及公共交通相互协同）的吸引力，小汽车交通规划应该尽可能同城市环境相协调，减少噪声、废气污染和事故。为此，确立了城市交通规划应着重以下措施：公共短途客运交通网络的重建、自行车交通网络的重建、交通安宁措施、拆除改造机动车道路、停车空间的控制管理。过去的40多年，弗莱堡交通政策越来越考虑到生态因素的重要性。直到今天，弗莱堡的公交线路、自行车专用道和步行街区还在不断扩大建设。

（2）有轨电车与自行车。

自20世纪80年代初，弗莱堡开始对原有的四条有轨线路进行延伸建设。如今，四条有轨电车线路贯穿城市中心，长28km。现在，弗莱堡所有的大城区均设有有轨电车，65%的居民居住在有轨电车线路边，90%以上的有轨电车站均为无障碍车站。如今，稠密的自行车交通线路已形成网状联系，总长达到500km，特别是在老城的步行区内，对自行车交通制定了详细而周密的线路和停车规定，以保持步行者和自行车交通之间的平衡。至2009年，市中心设置超过9000个自行车停车位（图3-21），进出市中心的自行车交通数量快速增加。

图3-21 弗莱堡自行车流动中心（停车场）

注：资料来自http://www.freiburg.de/。

（3）绿色交通系统的影响。

由步行、自行车和有轨电车共同构筑的低碳交通体系为弗莱堡的交通和城市环境带来了巨大改变。在20世纪80～90年代初,弗莱堡的汽车保有量一直保持快速上升的态势，但从90年代中期以来，私家车的保有量明显处于停滞状态（408辆/1000成人），这一数字明显低于德国私家车保有量的平均水平（499辆/1000成人）。

根据弗莱堡的交通规划，1987—1994年，在通勤出行中，小汽车的出行比例从72%下降到65%，公共交通的出行比例则由24%上升至30%。总体上，1982—1999年，在弗莱堡市区，小汽车的出行比例由38%降低为32%，自行车的出行比例由15%上升至27%，公共交通的出行比例由11%提高到18%。在2020年弗莱堡城市交通规划中，绿色环保交通方式的出行比例将继续提高到75%

（图3-22）。

图3-22　弗莱堡城市有轨电车系统

注：图片来自https://www.sohu.com/a/239769595_492547。

3.实施严格的交通需求管理措施

为了推进绿色交通，将城市噪声、废气以及危险降到最低，弗莱堡采取了多种措施限制小汽车的使用。第一，降低小汽车的可达性。在市区中划定多个步行区，包括城市中心区和大部分居住区，鼓励慢行交通，禁止机动车通行。若使用小汽车到达这些区域，必须将车停在步行区边缘的停车场，再选择步行或者有轨电车进入区域中心。第二，限制通行速度。在弗莱堡，步行区与机动车干道之间通常不是直接相连，中间设有一至两个缓冲地带，被称作交通安宁区。这个区域作为过渡，将机动车的时速限制在30km/h或7km/h，尽可能与步行的速度相协调。第三，严格停车管理。在城市中心区和居住区，停车场通常设在区域边缘；大部分居住区仅对住户提供停车位，并且需要许可证；商业街区允许沿街停车，但收费昂贵，并且价格随着靠近中心的距离而提高；所有沿街停车均有时间限制，禁止长时间停车；将部分机动车停车场改为自行车停车位，在新区规划中降低停车位配备标准。

尽管弗莱堡采用了很多方法让小汽车的使用既不方便又很昂贵，以此限制小汽车的使用，但这些措施的最终目的是减少环境污染，让交通出行更加绿色。因此，对于城市的机动车主干道，规划依然会通过扩宽道路或其他方法提高干道的通行能力，以消除交通瓶颈。机动车停车场的设计也会考虑停车设施的完备性和引导系统的健全性，以降低小汽车在停放过程中所耗时间和能源。

弗莱堡居住社区附近通常都划有交通安宁区和住宅区，在这些特殊的区域，步行享有自由行动的优先权，汽车和自行车要主动避让行人，并尽可能以步行的速度通行，一方面保证行人的安全，另一方面降低对行人造成的压力。这些街道在日常生活中不仅承担着通行的作用，同时也是居民聚会休闲、儿童玩乐的场所。对于城市中一般的街道或交通干道，人行道会被单独划分出来，与车行道相互隔离，从而维持良好的步行环境。基本上，弗莱堡的慢行系统与机动车系统是相对独立的，各行其道互不干扰。

三、哥本哈根——采用TOD模式的城市规划，引导自行车出行

（一）概况

“童话王国”丹麦首都哥本哈根（Copenhagen）是北欧最大的城市，不仅经济发达，交通便利，而且城内古建筑保存完好，是一座古典与现代完美结合的大都市。哥本哈根中心城区常住人口为55万人。现在，哥本哈根是全球闻名的低碳环保先锋城市，也是世界上最宜居的城市之一。长期以来，哥本哈根市政府积极应对气候变化挑战，在城市规划、建设、发展和管理中大力推进可持续发展战略，成效显著。过去十年，哥本哈根城市二氧化碳排放量减少了20%。

以实现社会、经济和环境可持续发展为目标，通过发展低碳建筑、低碳交通和绿色出行，鼓励使用清洁能源技术，大力开发使用可再生能源、地热能、太阳能等，哥本哈根正在积极向2025年成为世界首个“零碳排放城市”的目标迈进。

（二）低碳交通的发展特征

1.TOD模式的城市规划开发

哥本哈根拥有170万人口，其中城区人口50万，是一座低碳交通城市，同时也是世界上城市规划建设的优秀典范。早在1947年提出的“手指形态规划”为以公共交通为导向（TOD）的城市发展模式奠定了基础。通过以轨道交通为骨干构建的TOD模式城市规划开发，可以充分发挥轨道交通快速、大容量的优势，结合轨道交通站点周边土地的高效利用，形成用地紧凑、功能均衡、环境宜人的城市布局，从根本上为实现土地集约使用绿色、公平、低碳的居民出行创造了条件，在以后的几十年里，该规划得到了很好的执行，而且大多数公共建筑和住宅区集中在轨道交通车站周围，为市民采用自行车和轨道交通相结合的方式出行创造了条件。

哥本哈根轨道交通系统的发展具有以下三个特点：一是城市的交通走廊都通过“手指形态”通向中心城区，有利于维持一个强大的中心城区；二是城市新开发区域与市中心之间通过城市轨道交通系统相连接，使新区到中心城区的出行更为便捷；三是这种集中发展模式提高了土地的利用效率，节省了大量公共基础设施的投资建设，作为分隔走廊之间的绿楔的保护有效地维持了良好的城市生态环境。

2.控制中心城区的小汽车交通，减少交通碳排放

除了TOD模式规划以及将自行车与步行交通整合为以轨道交通为骨干的公交体系，在哥本哈根中心城区对小汽车交通进行控制。从20世纪70年代以来的40多年时间，哥本哈根开始通过每年减少2%~3%的停车设施供应量来控制中心城区的路网交通总量。与此同时，通过精细化的停车费率来提高停车位的周转率。实践证明，中心城区的交通量得到了有效控制，进入21世纪的城区交通量低于20世纪70年代的水平。

3.政府带头引导自行车出行

哥本哈根曾经是以小汽车交通为主的城市，但现在是世界上著名的“自行车之都”：自行车数量比人口数量还多，超过60万辆，有50%的市民骑车上学上班，有超过60%的国会议员每天骑车上下班。在自行车设施方面，从20世纪60年代哥本哈根开始设置自行车道以来，已经有390km的自行车道，在2012年还开通了一条长为22km连接哥本哈根和艾尔伯特伦德镇的“自行车高速公路”，这条自行车专用高速路开通之后，受到人们普遍欢迎，并让哥本哈根市每年减少7000t的二氧化碳排放。另外，还采取了一系列自行车优先措施，如设置自行车专用交通灯、蓝色自行车过街带、自行车停车线前移等，可以说是世界上自行车道规划和设施最完善的城市。调查显示，骑自行车出行还改善了居民健康状况，为政府每年节省下3亿丹麦克朗的医疗支出。

4.不同交通方式间的高度整合

在实施TOD模式时，不仅重视大运量公共交通的建设和发展，还要将不同交通方式进行面向公共交通的有机整合。集中在车站周围的土地开发使得轨道交通覆盖了城市大量的活动区域，而完善的步行系统和自行车路网在方便了非机动化交通出行的同时也提高了轨道交通的可达性，支线公交车站设在轨道交通车站附近，将更大范围内的出行者汇集到轨道交通系统。

自20世纪80年代中期以来，哥本哈根市开始将原有的机动车道和路侧的停

车区改造为自行车专用道。1970—1995年，该市自行车专用道的长度从210km增加到300多km，自行车出行增长了65%。在哥本哈根，到达轨道交通车站的出行中，非机动化的方式占据了相当大的比例，这也体现出了创造一个行人和自行车城市的价值。

四、波特兰——优先发展公共交通、整合交通与土地的利用

（一）概况

波特兰（Portland）是位于美国俄勒冈州人口最多的城市。波特兰都市区在空间上横跨3个县（County），内部包含25个城市（City），总面积1029.5km^2，现有人口约150万人。

素有“规划之都”（Capital of Good Planning）美誉的美国波特兰大都市区，长期致力于减少私人小汽车出行，提升公共交通、自行车交通和步行交通服务品质的多方式交通体系规划与建设。2011年《美国新闻与世界报道》（U.S. News & World Report）通过综合评比城市公交系统投资、公交出行量、出行安全等要素，将波特兰都市区列为“全美十佳公交都市”之一。此外，波特兰也多次入选美国最佳步行城市、最佳自行车出行城市等。

（二）低碳交通的发展特征

波特兰交通系统发展的核心思想是减少对小汽车出行的依赖，提供包括公共交通、自行车交通、步行交通在内的多方式交通体系。在上述思想指导下，波特兰都市区主要采取了城市增长控制、交通与土地利用整合以及广泛的公众参与和机构协调等宏观政策来引导多方式交通体系发展。

1.城市增长控制

为防止无限制的城市扩张与蔓延蚕食宝贵的农田、林地、矿产等自然资源，早在1973年俄勒冈州就通过了一项州层面的土地利用规划法案（Senate Bill 100）。该法案要求全州每一个城市化地区都设置一个增长边界（Urban Growth Boundary），所有城市开发活动都被要求限制在边界以内。城市增长边界一方面保护了边界外部的农田、森林、景区、公共空间等不被城市开发侵占，另一方面也限制了城市低密度蔓延，促成边界内部更加紧凑、高效的城市开发，并提高了公共服务设施的利用效率。

2.交通与土地利用整合

城市增长控制为实施另一重要交通发展政策——交通与土地利用整合创造了基础条件。20世纪90年代初，波特兰都市区制订了指导未来50年的区域发展战略规划，即2040增长规划。该规划界定了未来都市区空间发展结构，即形成由中心城市、区域中心（主要为周边次级城市）、镇中心、枢纽车站周边地区、重要干路走廊等构成的主要发展带。规划要求未来的城市开发须集中在上述发展带，并利用大容量快速公交系统和多方式交通通道串联这些发展地区。

《交通规划条例》为交通系统与土地利用整合提供了更具体的技术指导与要求，主要内容包括：①超过100万人口的大都市区内的地方政府，在制订交通系统规划时必须重新评估所有可能的土地利用方案；②如果交通系统规划方案预期会导致人均车公里指标增加，大都市区内的县、市政府就需要重新制定土地利用与交通整合规划，重新优化土地利用类型、密度和设计标准；③调整土地利用实施条令，创建利于公共交通、步行和自行车交通以及降低小汽车交通依赖度的出行环境；④土地利用调整必须符合现有和规划的交通设施功能、通行能力与运行要求。

3.优先发展公共交通

公共交通一直是波特兰都市区重点规划和建设的交通体系，目前已形成包括轻轨、有轨电车、通勤铁路、常规公交、空中缆车等多种形式的综合服务系统。都市区公交服务主要由TriMet公司运营，2011年日公交客运量约31.9万人次。为提高公交吸引力、鼓励更多居民采用公交出行，波特兰采用了多种富有创新性的公交发展政策与实践，包括市中心公交优先走廊（TransitMall）和免费公交区、实时公交信息服务、TOD（Transit-Oriented Development）财政支持等。

（1）建立公交优先走廊和免费公交区。早在1972年制定的波特兰中心区复兴规划中就确定了在城市核心区建立公交优先走廊，充分改善核心区公共交通、步行与自行车交通的可达性，使核心区重新成为人活动而不是车流动的空间。目前，波特兰市中心南北向两条街道（第5大街和第6大街）为公交优先走廊，20余条公交线路、两条轻轨线路在该走廊上通行。公交走廊为单向3车道道路，其中1条车道为巴士专用，1条车道为轻轨专用，另一车道向社会车辆开放。此外，公交乘客在2h内还可免费换乘不同公交方式（包括轻轨、有轨电车、公共汽车、空中缆车），市中心区还设有轻轨和有轨电车免费区。

（2）实时公交信息服务。波特兰的公交系统是基于时刻表运行的，一般发车间隔较长（高峰时段部分线路发车间隔约10min；平峰时段有20min，30min，甚至60min），因此为乘客提供准确的车辆到站信息尤为重要。每一个公交车站（包括轻轨、有轨电车、通勤铁路、常规公交）都有一个唯一的编号，通过网站或电话查询输入该编号，即可获得经停该车站的所有公交车辆下一班到站时刻。市中心区部分车站也安装了实时的公交车辆到站时刻显示屏，方便乘客查询。

4.高度重视步行与自行车交通发展

步行与自行车交通发展受到波特兰都市区的格外关注。其对步行交通的定位是短距离出行优先，而不是仅供选择的出行方式；对自行车交通的定位不再是一种仅供选择的出行方式，而是作为一种合法的出行选择在多方式交通体系中扮演关键角色。俄勒冈州规定每年州政府划拨的公路建设基金至少有1%须用于步行和自行车设施建设。通过持续的基础设施投入和出行引导，波特兰都市区步行与自行车交通出行量稳步增长，出行比例位居同等规模都市区之首。

（1）构建利于步行与自行车交通的土地利用形态。俄勒冈州《交通规划条例》要求所有的地块开发必须构建利于步行、自行车、公共交通和降低依赖小汽车交通的出行环境。在步行和自行车交通出行及潜在出行区域，须提供安全、便捷的基础设施，包括人行道、自行车道、自行车停车场等。新建和改建道路一般都须沿线建设人行道和自行车道。对于混合土地利用、步行交通友好设计等开发模式给予指标奖励，如在缺乏调查数据时，可以认为上述土地开发模式较一般规范（如ITE的《出行生成手册》）中规定的车辆出行率低10%。

另一改善步行和自行车交通出行质量的土地利用手段是构建高密度、小尺度的路网模式。波特兰规定在居住区和混合土地利用区，新建的地方性道路间距不能超过160m（530ft），若使用尽端式道路，其长度不应超过60m（200ft）。

（2）精细化交通设计。波特兰开展的相关调查表明，缺乏必要的步行与自行车交通设施、担心与机动车交通冲突引发事故是影响居民选择步行与自行车出行的重要因素。通过精细化交通设计提高步行与自行车交通出行便捷性和安全性、逐步提升居民的可接受度，是近期波特兰步行与自行车交通发展的重点。典型的精细化交通设计包括：醒目的步行与自行车设施、交叉口自行车待行区、由小汽车路边停车泊位改建的自行车停车设施等。

（3）倡导市民绿色出行。2003年起，旨在推广可替代小汽车的绿色交通方式，波特兰市开展了“智慧出行项目（Smart trip）”，通过为市民提供关于绿色交通出行的信息提高市民对步行、自行车、公共交通出行的认可程度。相比大规模的公共交通系统建设项目，智慧出行更像是一种对城市绿色出行方式的宣传和推广，该项目包括针对日常出行的绿色游线（Green line）和针对通勤出行的绿色通勤（Business）两个子项目，通过一系列全市的步行和骑行活动让市民体验到便捷、安全、方便和富于乐趣的慢行出行，减少对小汽车的依赖。波特兰在市区划定慢行区域内规划了5条各具特色的步行线路，每条线路2~3mile，串联市区主要城市公园、景点、商业区和社区服务中心，步行时间由45min至2h不等，同时为每户发放免费线路图。据统计，通过此项目实施后，波特兰人平均每天驾车减少4mile。

5.加强多方式交通衔接

除了注重各种交通方式子系统的规划与建设，加强不同交通方式之间的衔接整合也是波特兰都市区构建多方式交通体系的重点。公共交通与小汽车、公共交通与步行和自行车交通在时间、空间上的接驳，为市民出行提供了多元化的选择。目前，波特兰都市区已设置62个“P+R”停车点，约12690个停车泊位；1900个“B+R”停车泊位；17个公交换乘中心。通过停车优惠、换乘优惠等手段，鼓励更多人采用公共交通、步行与自行车交通出行。

五、斯德哥尔摩——实施征收拥挤费、交通引导城市发展

（一）概况

斯德哥尔摩（Stockhdm）是瑞典的首都和第一大城市，位于瑞典的东海岸，市区分布在14座岛屿和一个半岛上，70余座桥梁将这些岛屿联为一体，素有“北方威尼斯”的美誉。城市大陆区域基本包括三分之一的城市建设用地、三分之一的水体和三分之一的绿色空间（图3-23）。曾经的斯德哥尔摩是一个空气污浊、污染严重的工业城市，但目前已成为世界“生态城市”建设的典范。2007年，斯德哥尔摩被欧洲经济学人智库评为“全球宜居城市”。2010年，斯德哥尔摩被欧洲环境委员会评为首个“欧洲绿色之都”。斯德哥尔摩市占地188km^2，现有人口88.1万人，占全国总人口的9.2%。

（二）低碳交通的发展特征

斯德哥尔摩得益于“星形城市”的扩展计划，成为TOD模式建设的典范。目前，斯德哥尔摩60%以上的人口居住在六个卫星城，发达的地铁系统、公交线路网络和良好的公交服务使得50%的市民选择公交作为通勤工具，成为欧洲范围内通过公交上下班人数最多的低碳型城市。

图3-23　斯德哥尔摩市区

1. 交通引导的城市空间骨架

斯德哥尔摩的公共交通设施与自然地形、土地使用之间具有很强的关联性，自然地形和用地空间是公共交通设施布局的重要基础。第二次世界大战后，政府制定了“串珠状”的未来城市聚落模式，在规划早期就确立了用于引导城市中心发展蔓延的交通走廊。

由于城市中心人口密度较高，且可利用的空间有限，斯德哥尔摩一直致力于在TOD模式的指导下紧凑发展。规划部门希望借助完善的交通规划高效地连接分散的各个岛屿，合理连接各岛之间的用地，缓解主干道的拥堵。随着交通设施的不断完善，建成了由公共交通系统连接的城市中心和副中心网络，引导了建成区的有序扩张，确保了城市的“精明增长”。

借鉴哥本哈根的“手指规划”理念，斯德哥尔摩在规划中确定了公共交通引领城市空间结构的发展战略。通过加快城市公交基础设施建设引导了城市的放射状结构的骨架，促使城郊形成了星座状的新城组团布局，有序疏散了拥挤的市区。早期新城规划是为了实现人口与就业的平衡，但随着时间的推移，规划的重点转变为新城规划与公共交通系统的融合。新城建在连接中心区和郊区的轨道交通站点附近，规划有高密度的住房及独立的商业区，极大地提高了城市的交通和土地利用效率。未来斯德哥尔摩大都市区也将借助公共交通向东疏散。斯德哥尔摩从公共交通的基础设施建设、出行路线规划、交通工具选择等方面出发，一定程度上改变了居民的通勤模式。城市变得更适宜步行交通，环保的出行方式得到了推广。特别是在老城区，越来越多的市民由驾驶私家车改为乘坐公共交通或骑自行车。

高度重视职住平衡。斯德哥尔摩政府注重交通在城市规划中的先导地位。一是采取了“一半一半”的规划原则，强调居住与就业的平衡，即新城就业居民的一半在新城以外的地方工作，而新城就业人员的一半来自其他城镇，按照大致相当的比例分配居住人口和就业岗位数。强调城市规划对交通体系的先导作用，将交通出行的减量化作为城镇规划的重要目标，避免建成“卧城”。在规划中预留未来交通走廊，确保交通工程建设及时到位。

实行TOD开发策略。斯德哥尔摩以交通廊道为轴线，开展多功能混合的社区建设。注重卫星城镇为特征的多点居住模式的环形开发，在城市空间和土地利用上充分考虑与交通的紧密结合，将居住区、配套商业、服务设施集中化，使短距离出行更密集。采用一体化整合发展，政府主导以快速交通站点为中心的居住生活区（市镇）开发与交通建设同步，将各种不同的土地利用方式，如办公楼、公共建筑、商业中心等混合在一起。采用优惠的税收政策，鼓励企业搬迁到卫星城，使得斯德哥尔摩从战前的单中心城市转变为战后的多中心都市。

因此，斯德哥尔摩虽然是瑞典首都，但全市的机动化率自20世纪70年代以来一直远低于全国平均水平。

2.优先发展城市公交系统

斯德哥尔摩城市交通采用“公交都市”的发展模式，加快城市公交的发展。目前，斯德哥尔摩形成了以地铁线为轴线、巴士线为辐射、3000多个站点为散布的公共交通网，400m以内必有一个公交站点，公共交通出行率已高达60%以上，高于世界上绝大多数城市。

首先是采用富有远见的发展理念。斯德哥尔摩选择了与欧美其他发达国家不同的发展道路，是北欧最早建成一体化公共交通系统的城市之一。在半个多世纪前，就制定了市中心向外扩张集中在有轨道交通覆盖的卫星城镇的战略模式。在这当中，具有先进理念的斯德哥尔摩市议会为战后城市的土地利用和交通系统的协调发展起到关键作用。实行土地国有和包括公共交通在内的公共服务国家主导的政策，确保了交通与土地的协调。

其次是加大对公交的支持力度。斯德哥尔摩不断完善以公共交通引领的公交都市建设。一是通过保持公共交通低票价来回馈环境友好的可持续发展交通模式。每张车票仅需1.0~1.5瑞典克朗，与瑞典人均6万美元的GDP相比，票价很低，并采取联程票折扣等形式，吸引市民乘坐公交。二是加大静态交通管理。提高机动车的停车费和出租车费，推动市民选择公共交通；实行从外围至市中心递增的停车费率，在市中心城区，路边停车通常是被禁止的。三是限制机动车的买卖。通过征收高额的机动车增值税和车辆登记费（此两项税费约占车价的60%）及燃油税（是油价的80%），限制小汽车的使用。

3.实施征收交通拥挤费政策

斯德哥尔摩的拥挤收费政策在通过开展试点后，于2007年8月实施，将其收益用于进一步改善城市公共交通和道路设施建设等。

斯德哥尔摩拥挤收费系统由一条围绕内城的收费环线组成，可减少进出城主干路瓶颈处的交通压力。只在工作日收费，收费时间为6:30~18:30；高峰时段（7:30~8:30，16:00~17:30）通过环线的费用是2欧元，峰肩时段（高峰期前后30min）为1.5欧元，其余时段均为1欧元。收费方式为双向收费，这意味着高峰时段往返内城一次的费用为4欧元，每天收费上限为6欧元。

收费实施以来，取得了较好的效果。据监测，进出收费区域的交通量减少了20%，主要干道拥堵减少30%~50%，同路程车辆行驶时间缩短了30%左右，收费区域及其外围重要道路的运行情况也保持稳定。碳排放量减少了10%~14%，二氧化碳和主要污染物指标减少，空气质量得到改善。

4.大力提倡自行车出行

2010年，斯德哥尔摩被评选为第一个“欧洲绿色之都”。市政府为改善城市环境，提出了许多举措，其中一条就是鼓励市民骑自行车出行。近10年间，斯德哥尔摩市自行车出行量翻了一番，在市中心越来越多的居民使用自行车出行。

斯德哥尔摩市大力推进自行车道路建设，在城市主干道上，与机动车道路并行区划出自行车专用道路，路面上有明晰的自行车道路标志，设置上行、下行两个方向，与机动车道和人行道分隔开来，骑行中不受机动车和行人干扰，在交叉路口为自行车设置独立的信号灯，以保证自行车的交通安全、舒适和便捷。

近10年间，政府投资约10亿瑞典克郎用于实施各种发展自行车交通的设施。这些设施包括：新建和改造自行车道，修建更多的自行车专用道、设置专用的信号灯和自行车绿波信号、改造交叉口以及改建公共交通工具及设施，使人们能携带自行车乘坐公共汽车和轨道交通，在轨道交通站和其他公共交通枢纽附近增设比较安全的自行车停车场等。

六、名古屋——建设综合客运枢纽，融交通、生活、商业于一体

（一）概况

名古屋市（英文：Nagoya），是日本中部爱知县的首府，也是日本三大都市圈（东京大都市圈，京阪神大都市圈，名古屋大都市圈）之一，名古屋大都市圈的中心城市，属于日本二战前规定的国内六大都市之一。全市总面积326.45km^2，总人口228.4万人。作为重要的港口城市，名古屋港也是日本的五大国际贸易港之一。

（二）低碳交通的发展特征

名古屋市综合客运枢纽“荣”站位于名古屋市主城区中心，是集居民铁路线（城际轨道交通）和多条地铁线路、巴士线路的交通枢纽。荣站在兼顾铁路、地铁与公共汽车换乘便利性的同时，通过地下街、商业设施、公园的一体化规划建设，形成了交通功能与城市功能融合为一体的综合客运枢纽。

一座以“水和绿色的宝石箱”为主题，由“宇宙·大地·银河”组成的现代化城市公共交通枢纽站于2002年10月在2005年世界博览会举办地——日本爱知县名古屋市中心“荣”建成启用（图3-24）。

“荣”枢纽站由水的宇宙船、绿色的大地、公共汽车中心站、铁路、地铁、21世纪科学信息中心、银河广场、地下商场七部分组成，并与爱知县文化艺术中心、日本NHK电视台名古屋电视中心、大型地下商业网连接，集交通、购物、娱乐、休憩、集会、信息获取等为一体，建筑设计构思独特，造型美观，别具一格。建筑设备方便舒适，功能齐全，深受市民的青睐。这座城市的绿洲公共交通枢纽站堪称世界一流。

该枢纽站共分六层，其剖面示意见图3-25。

图3-24　“荣”枢纽站

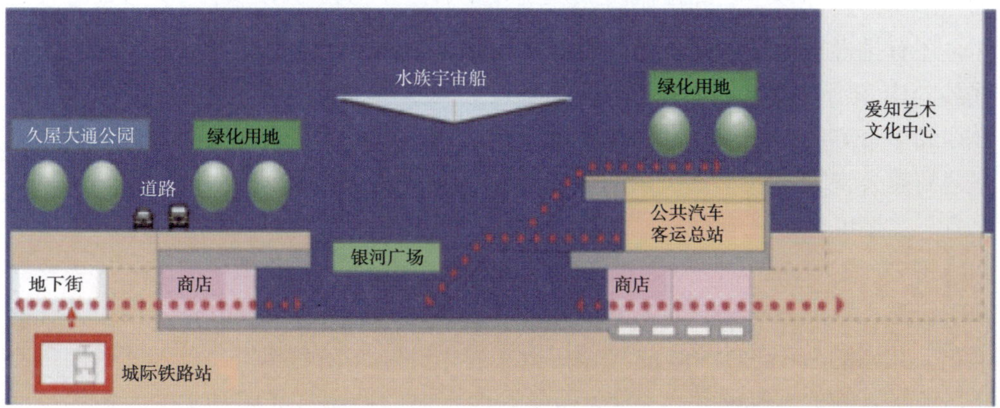

图3-25　站设施布局示意图

（1）地下三层是地铁名城线。

（2）地下二层是地铁东山线；地铁站内有电子显示牌，显示站内地铁和站外汽车发车时间等。

（3）地下一层是下沉开启式的银河广场，广场总面积为7500m^2（其中3600 m^{2}可供举办各种音乐会、各类球赛、集会展览等），广场中心有“时钟机器人”，机器人身上除了标有世界标准时间以外，还雕刻着名古屋市和世界各国友好姐妹城市的时间，给人以激励；时钟机器人两侧有两头已灭绝的母子恐龙造型，绿草簇拥着恐龙，旁边还有几条鱼型柜凳，除了供游客休息，还告诫人们要保护地球，爱护绿化，爱护环境；广场的东侧有1个360° 大型高速旋转的电子显示屏，人们无论从哪个角度都能看到奇妙的画景；南侧有防灾中心，垃圾处理场，仓库和停车场；西侧是21世纪科学信息中心，约100m^{2}的大厅里摆满了来自全市方方面面的各种各样的资料，还有服务员专门接待，热情解答来访者的提问。信息中心内有一台电子触摸屏，室内室外各有3块大型电子显示屏，市民们可以在这里获取全国道路交通、旅游、商业、停车场、生活设施、各类活动、天气预报、科学情报等200多种信息，并可无偿获得各种所需资料及网上资料的打印；广场四周有各种日用百货店、书店、银行、美食街等。银河广场还和名古屋轨道交通濑户线、地铁站、汽车站、爱知艺术文化中心、日本NHK电视台名古屋电视中心、“荣”大型地下商业街相连接，大大方便了市民的出行。

（4）半地下层是大型公交汽车站，面积约6200m^2。有10个站台和7个预备停车位。站台采用全透明玻璃自动控制门，站内有候车室、电子显示牌、自动售票机、小卖部、饮食店、问讯服务台、公共厕所等，汽车站内除了装有全空调装置外，还有排毒排废气、高效微粒过滤等设备。名古屋市交通局、名古屋铁道、三重县、JR东海4家公交汽车公司的25条线路在这里经营，每天有900多个班次，开往50多个方向的公交线汇集在这里，包括开往东京、青森、大阪等地的长途汽车、高速公交车。汽车班次采用全自动播放，最惊人的是这么大的汽车站里，却没有一名调度员，只有4名机房设备管理监控员。

（5）地上层是一座以绿色大地为主题的公园。碧绿的草坪构成一片美丽的城市绿洲，草坪里种植了日本的国花——樱花树，还有枫叶树和许多四季盛开的鲜花，花园的面积约14500 m^2。14根电子音乐柱竖立在庭园里，各种美妙的乐曲随风飘扬。夜晚音乐柱电光闪烁，7条东西走向的玻璃灯光路和水的宇宙船上的42只变色照明器金光闪闪，好像打开的宝石箱，组成一幅灿烂辉煌的夜景。公园内有“光的走廊”，是全透明的玻璃走廊，直通公交汽车站和地下；有“光的井口”，是直通地上地下的电梯和楼梯；还有“雾的剧场”，一个直径10m的圆形广场，会定时从四周的壁内发出团团浓雾，给人一种虚无缥缈的幻想。公园的旁边另有一个可停放200辆自行车的停车场。

（6）屋顶层是在下沉开启式银河广场上耸立起来的一座用全透明合成玻璃做成的水的宇宙船，离银河广场的地面有22m高，离地面公园有14m高，是一个椭圆形的斜面屋顶，重2000t（其中水池里的水重量是150t），长106m，宽36m，总面积约2700m^2。中间是一个约1700m^{2}的水池，水深6~10cm，每日对水过滤、杀菌、杀虫，水循环4次，水池的水随着时间的变化会喷射出各种形状的水柱，池内有几个恐龙蛋化石，站在池边，透过水层往下看，“银河广场”里的几条鱼型板凳，就像鱼儿在海底游。“宇宙船”周围是3.3~7m宽的散步道，人们可以在离地面14m的高处散步，恰似宇宙船在半空里遨游，让人们尽情遐想，去创造更加美好的未来。

枢纽站内还设有冷暖空调、公共厕所、公用电话、寄放箱、盲人指南、残疾人通道、电梯等便民设施。

整个建筑充分利用环境资源，如建材大部分采用合成玻璃、合成钢、合成地板；宇宙船的水、冷却塔的冷却水、浇灌花木的水是利用井水；地下广场的下面有一个800t的雨水蓄水库，用雨水和宇宙船的循环水来冲洗公共厕所；冷蓄热系统产生的热源用在夜间发电；冷房的细雾送到“雾的剧场”里，供人欣赏；一台垃圾处理机每天都现地处理1.4t垃圾，以保持环境清洁。

名古屋市综合客运枢纽“荣”站具有一体化综合交通枢纽站的特色，主要包括以下几个方面：

①客运枢纽具有综合性，铁路、轻轨、地铁相互衔接。

②客运枢纽选址位于城市中心地区，通过改建不断完善。

③客运枢纽细节体现以人为本，实现立体化换乘。

④综合枢纽功能多样性，自身及周边商业发达。

⑤客运枢纽具有一体化的建设、管理运营机制。

第三节　对我国中小城市低碳交通发展的启示

从我国目前城市的发展现状来看，大型城市的开发已经基本成型，中小城市大多处于成长阶段，尚未定型。从我国中小城市的案例中可以得出，我国中小城市低碳交通的发展方式注重于综合交通运输体系，完善相应体系的各个方面，如城乡公交一体化、公交都市、合理对接等。此外，各个城市还加大了绿色出行、绿色车辆的投入。巴塞罗那、斯德哥尔摩、弗莱堡等国外中小城市的规模与发展路径与我国的中小城市是比较契合的。

首先，国外中小城市基本采用公交引导城市发展、引导居民出行、引导土地利用的发展模式。巴塞罗那市通过限制私人小汽车的使用、鼓励采用新能源车辆、构建适合步行的街道等使交通出行融于生活交往之中吸引了居民慢行出行。哥本哈根通过TOD模式的城市规划开发，从根本上为实现土地集约使用绿色、公平、低碳的居民出行创造了条件。波特兰的交通与土地利用整合政策、斯德哥尔摩的交通引导城市空间骨架，都体现了交通在城市发展中引导者的重要作用。

其次，国外城市更加注重绿色出行，例如完善绿色出行的基本配套设施、健全换乘机制、构建自行车网络等相关措施，国外的绿色出行相关政策已经十分成熟，值得我国中小城市学习。

最后，国外城市通常优先发展公交系统、限制中心城区机动车数量，通过多形式的公共交通服务系统和密布城市的公共交通网络达到低碳交通的目的。

国外中小城市采取的低碳交通发展措施大多值得我国城市借鉴。

1.公共交通引导城市发展的城镇化发展模式

城市交通的发展要与城市的发展紧密结合，在城市建设过程中，要合理布局城市结构，并明确以公共交通为导向的土地利用模式，通过轨道交通、快速公交等公共交通系统的建设，引导城镇化过程中的中小城市发展，合理开发利用轨道交通沿线土地，通过城区与新城的职住均衡发展，提高城镇化的合理性，减少跨区交通。

交通系统作为城市空间的骨架，应在遵循自然形态的基础上，充分引导城市向合理的空间结构发展；交通系统还应指导土地利用规划，以公共交通可达性水平来确定开发强度。

城市扩张不能继续“摊大饼”，而应有秩序地紧凑发展，鼓励用地的有效混合，推动用地集约的“精明式增长”，实现以短路径出行为目标的土地混合使用，形成以骨干交通为基础、适合行人和自行车使用的地块尺度。

2.打造城市综合性客运枢纽

顺畅的各交通形式之间的联运和转乘是“以人为本”提高交通效率，鼓励公交、自行车、出租车的使用，减少交通拥堵的重要办法。人行道、自行车道与公共交通网互通、互联，将住宅与出行目的地相连。公交、铁路站点设有自行车停放处可便利出行，大大缩短通勤时间，提高交通效率，有益于自行车交通和公共交通。荷兰的火车站设有自行车停车处和自行车出租服务。尽管美国骑自行车的人并不多，但是为了鼓励、便利自行车交通，地铁站大都设有自行车停车处。旧金山湾区的地铁站除了设有自行车停车处外还允许自行车上车。美国各地的公共汽车大都可带几辆自行车。印度德里机场一日24h均可买到火车票，一出机场大楼路边就是公共汽车站。乘公共汽车可达火车站和公交总站，转乘便利。世界各地的许许多多机场与火车站、长途汽车站、市区公交车、旅馆之间都有极为便利的门到门的交通联系。乘客出了机场或车站大厅不需要携带行李过马路，就近就有各种交通形式供选择。世界上许多机场从机场大厅里就可直接下到火车或地铁站。东京机场行李可推至大厅下面的火车站，车站有三条包括新干线和其他城市铁路的线路与市内地铁公交网连接。东京的长途汽车站与火车站建在一起，在日铁火车站也可买到长途汽车票。

以上这些在基础设施上无缝衔接、服务上便利乘客等“以人为本”的指导理念和做法值得我国大多数城市借鉴。

3.鼓励发展城市绿色的交通方式

自行车交通因占地少、投资小、效率高，节约能源和水源，可减少私家车交通量、减少或减轻交通事故、减少拥堵、减少停车用地、减轻道路投资压力，从而增加市政公共投资对其他公共设施的投资，无空气、水源、噪声污染，因此各国采取各种措施鼓励自行车的应用。这些措施包括：制定鼓励自行车交通的政策和规划，实行自行车优先的政策，提高自行车交通的安全保证，增加自行车道、自行车交通信号和自行车停车设施，改善和便利自行车与其他交通形式的联运等。

荷兰对自行车交通设施包括道路、信号灯、停车场、停车库进行了大量投资，成功地使自行车交通迅速发展，大大提高了自行车交通的比率、效率和安全性。同时荷兰采取机动车道和专用自行车道分流的方式解决混合交通的问题，也使机动车交通速度得到提高。法国大部分街道没有自行车专用道，但在机动车道上专门划出了自行车道，用绿箭头表示。在交叉路口设有自行车专用信号灯，实行自行车优先通行的原则。

与国外鼓励自行车发展相反，我国南方一些城市在交通规划中已明确提出限制自行车发展的思路。我国城市在未来发展中对自行车交通采取何种态度是存在争议的。近年来共享单车在大城市快速发展，各个大城市都能看到很多不同品牌的共享单车，但是在中小城市却是另一番景象，因为资金、市场等问题，许多共享单车企业并不把目光放在中小城市，认为其市场太小，不值得进行投资。反观我国中小城市，人们短距离出行的需求相对大城市更高，频率也相对更高，人民对于共享单车的需求也是很迫切的。所以只要解决相应的资金问题，我国中小城市更容易发展绿色交通。因此借鉴国外的相关绿色出行的经验如建设自行车专用道路网实行与机动车分流、在交叉路口设立自行车专用信号灯等做法，对于我国中小城市具有重要的借鉴意义。通过借鉴国外的绿色出行经验，大力推动中小城市绿色出行，丰富低碳交通的多

样性。

4.积极实施公交优先政策

解决城市交通拥堵的根本出路是大力发展公共交通，减少对小汽车出行的依赖；将公共交通优先发展作为城市重大交通政策之一，从公交运行服务、公交票制票价、公交行业改革、政府对公共交通的扶持与保障政策等各方面做全面考虑和安排。

中小城市应加快发展快速公共交通系统（BRT）。从库里提巴发展起来的巴士快速交通（BRT）系统正在开创城市公共交通大容量、低成本的新时代。联合国、世界银行、国际能源机构以及公共交通国际联合会等国际组织与机构都把BRT作为解决城市交通问题的革命性方案，积极地向世界各大城市推荐。

美国国会审计办公室（GAO）在向国会提交研究报告中（GAO-01-984），对比全美13个城市的轻轨交通项目与17个巴士快速交通项目，结论是巴士快速交通系统的成本低于轻轨交通，而运送乘客量和运行速度接近轻轨交通。自20世纪90年代以来，美国城市再也没有任何新的轻轨交通项目，越来越多的城市采用巴士快速交通系统。南美的圣保罗、波哥大、基多以及澳大利亚的布里斯班、悉尼，加拿大的渥太华，墨西哥的墨西哥城，印度尼西亚的雅加达，印度的班加罗尔等城市纷纷加入发展BRT的行列。虽然获得道路专用路权和公共交通信号优先权是一项比较困难的社会实践，但对于那些财力有限，而创造力丰富的普通城市而言，BRT系统非常具有吸引力，被业界人士认为是经济有效的选择方案，可以成为引领中小城市交通发展的新方向。

一般来讲，由于客流量不足、财政支持不足等原因，中小城市不适合发展轨道交通，已经或即将建设的轨道交通的中小城市必将面临巨大的公共财政压力，所以中小城市需要重新评估轨道交通与其他替代公共交通系统的投资、运营比较成本效益，调整城市公共交通的发展策略，扭转不计成本、只求迎头赶上发达国家成为“国际化大都市”的不当发展心态。

5.发展智能交通系统（ITS）

智能交通系统是将先进的信息技术、数据通信传输技术、电子传感技术、电子控制技术及计算机处理技术等有效地集成运用于整个地面交通管理系统而建立的一种在大范围内、全方位发挥作用的，实时、准确、高效的综合交通运输管理系统。美国、西欧和日本等发达国家为了解决所面临的交通拥堵问题，竞相投入大量资金和人力，开始大规模地进行道路交通运输智能化的研究试验。

1995年3月美国交通部首次正式出版了“国家智能交通系统项目规划”，明确规定了智能交通系统的7大领域和29个用户服务功能，并确定了到2005年的年度开发计划。美国联邦政府从1990年到1997年用于ITS研究开发的年度预算总计为12.935亿美元；欧盟从1984年到1998年仅用于ITS共同研究开发项目的预算就达280亿欧元；日本政府仅1996年和1997年用于ITS研究开发的预算为161亿日元，用于ITS实用化和基础设施建设的预算为1285亿日元。在美国，ITS应用发展较快的几个方面分别是：车辆安全系统（占51%），电子收费（占37%），公路及车辆管理系统（占28%），实时自动定位系统（占20%），商业车辆管理系统（占14%）。

欧洲在ITS应用方面的进展，介于日本和美国之间。由于欧洲各国政府的分散投资和各国的ITS需求不一致，在整个欧洲建立统一的交通信息服务系统困难重重。然而在开发先进的旅行信息系统（ATIS）、先进的车辆控制系统（AVCS）、先进的商业车辆运行系统（ACVO）、先进的电子收费系统方面，前景十分诱人。

日本政府在ITS领域进行了大量的资金、政策等方面的投入，以期形成ITS产业推动日本经济发展。在过去的5~6年时间里，已经有近400万套车内导航系统在市场上应用。日本的ITS应用主要是在交通信息提供、电子收费、公共交通、商业车辆管理以及紧急车辆优先等方面。

从以上情况我们可以看出，利用地理信息系统（GIS）、GPS、专用短程通信技术（DSRC）、大数据、云计算等开发ATIS、ETC、CVO的车辆安全系统作为ITS的主要应用在全球范围内已是一种趋势，值得我国城市交通发展借鉴。

6.实施交通需求管理（TDM）

交通需求管理是指通过交通政策、措施等的导向作用，促进交通参与者对交通选择行为的变更，以减少机动化出行量，减轻或消除交通拥堵。交通需求管理的内容主要包括通过实施错时高峰出行，在时间上分散交通需求；通过向小汽车驾驶员提供道路实时交通信息、拥堵和事故状况等，促使交通需求在空间上分散化；通过提高城市公共交通和服务水平促进市民多选择大运量、高效的公交方式出行；实施各种综合措施，提升小汽车的使用效率、降低使用强度；通过城市规划、交通规划等，实现对交通发生源头的调整。所以，通过实施交通需求管理，可以改变人们滥用道路资源的陋习，减少道路上的小汽车交通量，降低由于小汽车出行产生的环境污染。

交通需求管理的要领起源于美国。目前美国、欧洲和日本等，围绕综合治理城市交通问题以及TDM对策，正在开展广泛的研究和应用。1991年美国制定的综合路上交通效率化法案（ISTEA）已将TDM作为重要交通对策纳入其中。美国环境保护厅也从保护环境的角度出发，制定了《交通管理方法指南：1990年》。欧洲各国也在其主要城市如伦敦、巴黎、罗马等大城市，研究或试行TDM对策。日本于1993年制定了新交通拥堵紧急对策，提出了推进实施TDM对策的具体计划，达到了较好的效果。

交通拥堵收费概念出现于20世纪70年代，是指在城市交通严重拥堵的情况下，通过对使用者收费来引导和调节交通需求，在时空上改变交通流量的分布，从而达到缓解交通拥堵的目的。拥堵收费是缓解城市交通拥堵的一个最直接、经济上最有效的办法，各国的实践也证明了这一点。1975年，新加坡通过收取“拥堵费”，控制高峰期严重拥堵地区、路段的上路汽车数量，收效极为明显。机动车通行量比高峰时期减少了24700辆，交通速度增加了22%；交通收费管制区域的机动车总通行量减少了13%；单人乘机动车数量减少，部分机动车从高峰时间转向非高峰时间通行。1991年起，挪威、英国、美国等国家部分城市纷纷效仿，均取得了较好的效果。

交通拥堵收费是一项重要的交通需求管理措施，但也必须与其他措施配套协调使用，构成一个城市交通需求管理的综合系统。TDM对我国各类城市改变以往以增加供给为主的交通发展思路，对交通进行需求引导战略将有深刻的借鉴意义。

7.加强城市道路交通整治，提高道路通行能力

保持高强度的交通投资力度，高度重视精细化设计管理，努力挖掘道路通行能力，如根据流量变化的动态导向车道、支小路交通组织、交叉口左转弯待行区、潮汐车道等。

8.重视城市交通管理，提高管理现代化水平

通过不断改进交通控制系统，引进安装交通监控和诱导设施，合理设置道路交通标志标线，科学地进行路网、路线和路口交通组织等科技手段及措施，极大地提高路网的整体通行能力和使用效率，降低交通延误和事故发生率，改善道路

交通运行秩序和环境。如北京建成了城市交通智能指挥控制系统、轨道交通运行指挥系统、国内首个动态交通信息服务系统等一批智能化交通运输管理系统；广州建立了全市交通管理智能系统，集接处警系统、交通监控、信号控制、交通诱导、电子地图、警力定位和综合查询功能于一体。

9.推行“共享汽车”交通形式策略

“共享汽车”作为一种新型的交通服务方式，是个体交通方式的革命，被誉为21世纪的出行方式，对我国城市交通机动化发展的战略选择有着重要的借鉴意义。对中国人多地少的地区而言，一旦实施小汽车共享，可能会比欧美国家效果更明显，也更有益，因为这意味着许多家庭虽然不拥有小汽车或停车位，但偶尔欲使用时也可唾手可得，既节约了支出，又避免了拥有小汽车带来的各种事务。因此，鉴于小汽车共享所带来的多种效益，建议参照瑞士政府的做法，由政府组织推动，在全国逐步推广这种交通出行方式，从而使这种新型的交通方式真正受惠于国内民众，并在缓解城市交通问题中发挥其重要作用。

第四节　评估最佳实践的适用性

根据国内外中小型城市发展相关经验，针对不同交通领域的措施进行分类。共分为公共交通、交通基础设施、城市综合规划、交通需求管理和新能源车辆五大方面，提出相应的管理措施，并根据相应的措施，对目的、范围、影响因素、开展实施的驱动力和实施过程中的障碍分别进行分析。

第一类措施为公共交通发展类措施，例如修建包括无轨电车、BRT等中、大容量公共交通设施，替代能源的使用、公交线网规划等。第二类措施为需求管理类措施，包括低排放区、拥堵区收费和小汽车限行、号牌拍卖等措施。第三类为综合交通规划等措施，主要涵盖了多种可持续的规划理念。第四类为车辆相关节能减排技术的应用，包括新能源车辆及其相关技术标准的制定。第五类为基础设施建设类的相关措施，主要包括慢行步道、停车、道路、枢纽等设施的建设内容。

国内外案例中相关中小城市交通节能减排措施内容、范围、影响以及在中小城市中适用的动力和障碍，在表3-3～表3-7中分别给予了说明分析。

表3-3

公共交通发展

序号	措施描述	方式、目的	阶段/范围	影响	影响方式	驱动力	实施障碍	成功案例
1.1	BRT系统建设和高水平的运营服务	1. 采用BRT的方式改善公共交通网络； 2. 提升交通安全加强客运管理； 3. 提供高水平的公交服务	中小城市城市主干路的交通拥堵路段	1. 降低拥堵； 2. 提升载客能力； 3. 降低温室气体排放	提升（转移）	1. 有限的公共交通载运能力； 2. 环境污染的诉求； 3. 城市和交通建设的需要	1. 资金的限制； 2. 道路资源的制约； 3. 社会反弹	1. 宜昌； 2. 枣庄
1.2	无轨电车建设	建设一种不依靠传统化石燃料的，灵活、低廉、无温室气体排放的公共交通方式	城市建成区范围（电网密度合理）	1. 降低对化石燃料的依赖； 2. 消除温室气体排放（不考虑全生命周期）	转移（提升）	1. 汽柴油价格波动； 2. 运营维护成本低廉，运营维护简单； 3. 无温室气体排放	线缆影响城市景观	弗莱堡
1.3	可替代能源在城市公交领域的应用	1. 降低温室气体排放； 2. 提升能源使用效率； 3. 减少对传统化石燃料的依赖	全部运营公交车辆都有采用替代能源的潜在可能	1. 减少温室气体物排放； 2. 减少对化石燃料的依赖； 3. 替代能源的价格优势	转移（提升）	1. 汽柴油价格波动； 2. 部分地区丰富的天然气资源	1. 技术、安全性； 2. 价格变化引起油气价格倒挂	布罗斯
1.4	ITS（Intellige-nttransport system）技术	1. 实时监控公共交通系统运行状态； 2. 为乘客提供车辆服务信息	公共交通系统内部（例如车站、车载设备）、手机终端	1. 提升公交便捷程度，吸引乘客； 2. 提升公共交通系统管理效率； 3. 大数据分析指导交通	提升	1. 提升公交管理水平和统计监测需要； 2. 便捷乘客	1. 较高的资金投入； 2. 技术要求较高； 3. 运行维护	1. 上饶； 2. 枣庄； 3. 海宁

续上表

序号	措施描述	方式、目的	阶段/范围	影响	影响方式	驱动力	实施障碍	成功案例
1.5	公共交通综合规划	将城市总体规划与交通规划相结合	城市中公共交通供给不足的区域	优化公共交通线网，提升公交运行效率，公交引导城市发展 TOD	提升	城市和公交发展的需要	1. 土地使用； 2. 社会影响较大	1. 巴萨罗那； 2. 济源； 3. 宜昌； 4. 上饶
1.6	资金补贴公共交通	保障公共交通投融资渠道，有长期稳定的资金来源，通过票制票价、服务水平等因素决定补贴额度。确保公交高水平运营	公共交通中所有资金运作相关领域	资金保证运营服务和相关设施处于良好状态	提升	公共交通公益性的属性要求其低价格高水平服务，同时也是公交公司正常运营的需要	稳定的资金渠道来源	1. 济源； 2. 上饶； 3. 海宁；
1.7	综合票制票价	建立合理的票价机制，方便公交系统进出	公共交通中转、进出	让公交系统更方便快捷的检票、计价	提升	1. 社会诉求； 2. 便捷乘客	1. 资金投入； 2. 设备维护； 3. 需要基于较强的信息化水平	枣庄
1.8	公交优先措施（专用道、信号优先等）	保障公交路权	公交路网以及路口	提升公交运营效率，吸引乘客	提升	公交乘客的需求	1. 维护运营相关设施； 2. 私家车主可能认为道路资源被侵占	上饶
1.9	公共自行车或共享单车	安装公共自行行车相关设施，解决“最后一公里”问题	交通枢纽、社区、居民活动区附近	1. 解决“最后一公里”问题可以吸引更多乘客选择公交； 2. 对于旅游型城市可以提高游客体验	转移（提升）	1. 公交乘客、居民的诉求； 2. 提升城市形象	1. 运营维护相关设备； 2. 运营及维护资金来源	1. 弗莱堡； 2. 巴萨罗那； 3. 宜昌

续上表

序号	措施描述	方式、目的	阶段/范围	影响	影响方式	驱动力	实施障碍	成功案例
1.10	个性化的公交服务	在公共交通需求较低的地点或时段提供“定制公交服务”	城市周边和公共交通需求较低的地区	减少不必要的发车班次，降低能源消耗、降低二氧化碳排放； 提供更有针对性的公共交通服务	提升	公交公司； 公共交通乘客、居民	依赖信息化水平	—

交通（需求）管理措施/政策 表3-4

序号	措施描述	方式、目的	阶段/范围	影响	影响方式	驱动力	实施障碍	成功案例
2.1	低排放区	有效减少污染物排放	1. 区域：从城市核心区到全部建成区均可实施； 2. 车辆：污染排放，能耗限值不达标的私家车辆	1. 污染物排放可能会被转移； 2. 可能会间接提升车辆排放清洁水平	避免	低排放区内的居民的诉求	1. 准入控制和管理手段； 2. 低排放区周边居民； 3. 工作在排放区内，居住在外的员工	海宁
2.2	拥堵区收费	通过经济杠杆减少某时间段某一区域行驶车辆的数量	从城市核心区到全部建成区均可实施	1. 降低拥堵区内的车流，同时可能增加拥堵区周边交通流量； 2. 通过拥堵区收费补贴或建设公共交通系统	转移（避免）	拥堵区内的居民	1. 拥堵区周边居民； 2. 私家车驾驶员； 3. 工作在拥堵区内，居住在外的员工	海宁

续上表

序号	措施描述	方式、目的	阶段 / 范围	影　　响	影响方式	驱　动　力	实施障碍	成功案例
2.3	停车收费（可根据地点、时间差异化收取）	利用经济杠杆，通过随时间和地点变化而变化的停车费率，减少私人车辆的使用，起到节能减排的效果	从城市核心区到全部建成区均可实施	1. 降低实施范围及周边私人车辆的使用； 2. 收费资金可用于交通基础设施维护，公共交通发展	避免	以慢行交通为主的出行群体	机动车驾驶员	海宁
2.4	小汽车合乘（顺风车）	提升交通流量，提升交通能源利用效率	从城市核心区到全部建成区均可实施，主要集中于上下班通勤路段和地点	1. 降低城市车辆总量； 2. 提升出行者对其他交通方式的意识从而提升公交的吸引力	避免（提升）	1. 经济能力较低的无车居民； 2. 相关软件开发商	1. 安全、财产的法律保障； 2. 与出租车行业的竞争关系	滴滴顺风车（中国）、优步顺风车（美国）
2.5	车辆限时通行	在部分路段 / 区域限制车辆在特定时间的使用，起到缓解路段 / 区域拥堵，车辆温室气体排放迁移	城市中心区，部分商业步行区	1. 缓解路段 / 区域拥堵； 2. 将车辆污染及温室气体排放迁移到周边地区	避免（转移）	路段 / 区域内的行人、居民	1. 私家车驾驶员； 2. 路段 / 区域的商户	海宁
2.6	倡导出行规划	在出行前做好规划，合理安排出行时间、路线和交通方式，避开拥堵时段和道路。减少拥堵时长和缓解拥堵程度，提升交通能效	主要在人口密度高、交通压力大的大型、超大型城市开展实施	1. 减少出行途中的时间； 2. 减少出行次数； 3. 提升出行效率，间接降低能源消耗和排放	避免	全体出行人群	—	1. 荷兰； 2. 巴萨罗那

续上表

序号	措施描述	方式、目的	阶段/范围	影响	影响方式	驱动力	实施障碍	成功案例
2.7	尾号限行/单双号措施	通过限制部分私家车在特定时间的出行，从而减少私家车辆的使用，减少交通拥堵	因私人小汽车数量而产生拥堵的大、超大型城市	1. 减少城市道路车辆总体行驶数量，从而降低拥堵； 2. 减少车辆使用，	避免（转移）	无车居民	私家车驾驶员	北京
2.8	小汽车摇号、号牌拍卖	通过摇号、号牌拍卖的方式发放车辆牌照，对注册车辆数量进行总量控制	人口密度大，私家车数量多的大、超大型城市	减缓私家车总体数量增长	避免（转移）		私家车驾驶员	

综合的城市和交通规划 表3-5

序号	措施描述	方式、目的	阶段/范围	影响	影响方式	驱动力	实施障碍	成功案例
3.1	可持续的城市交通规划（经济、社会、环境）	充分统筹交通与环境的关系、交通建设与经济发展、交通供需平衡的关系、道路与土地使用的关系和交通流分布，将”迎合出行需要”改换为”引导出行需要”	城市交通总体规划阶段/城市范围	保证可持续规划的落地实施和贯彻	提升（避免）	城市居民	既得利益者	波特兰
3.2	城市交通规划中贯穿“以人为本”的理念	在交通规划过程中减少私家车等不可持续的交通方式对道路资源的无限占用，强调人的通达性	城市交通规划和设施设计阶段/城市范围	引导转变出行理念	转变（减少）	城市居民	私家车驾驶员	济源

续上表

序号	措施描述	方式、目的	阶段 / 范围	影响	影响方式	驱动力	实施障碍	成功案例
3.3	前瞻、长远、灵活的规划	结合城市未来发展，通过预先规划、预留设施改进、功能和空间拓展的方式，提升城市交通服务水平	城市交通总体规划和设施设计阶段 / 国家、地区、城市范围	1. 规划符合城市发展的需要； 2. 规划功能拓展和扩容	提升	城市居民	既得利益者	济源
3.4	城乡公交一体化规划	通过为郊区提供同等的公共交通服务，使得城市市区和郊区公共交通得到均等化发展	城市城区与城郊、卫星城、各城市组团间 / 地区、城市范围	1. 提升公共交通服务水平； 2. 减少郊区不可持续交通出行	提升（转移）	城郊居民	1. 运营投入与收益低、公交公司消极运营； 2. 既得利益者	上饶
3.5	紧凑型城市规划 / 高强度 / 综合的土地规划	通过城市紧凑的规划，采用综合的土地利用，减少出行距离和出行需求，促进慢行等交通方式的发展	城市范围	1. 减少出行距离； 2. 减少出行需求； 3. 减少温室气体排放	避免（转移）	城市居民	—	波特兰
3.6	鼓励社会资本参与交通建设（PPP 模式）	通过公私合作模式私营企业、民营资本与政府进行合作，参与公共设施和交通建设	资金较为紧缺或投资超出地方财政支持的建设、运营项目	保证城市规划实施过程中的经济可持续性	提升	巨大的民间资本	—	1. 济源； 2. 上饶
3.7	公共交通与土地政策相结合的规划方式（TOD）	通过土地资源保障公共交通发展把相对较高的发展密度，	城市范围	1. 公共交通提供更好地服务； 2. 吸引更多人乘坐公交	提升（转移）	1. 道路沿线的居民； 2. 交通运营企业	土地资源利益相关方	
3.8	城市副中心（组团）规划、建设	通过疏解部分城市功能，降低城市规模，	人口规模较大，且较为集中的超大型城市	居民的日常出行范围大都限制在组团内，减少出行距离	避免（转移）	土地资源利益相关方	土地资源利益相关方	上饶

续上表

序号	措施描述	方式、目的	阶段/范围	影响	影响方式	驱动力	实施障碍	成功案例
3.9	公众参与的城市交通规划	规划过程中确保参与规划人员结构合理，利益相关方诉求得到满足，从而满足最广大人群的低碳交通需求	城市交通总体规划和细节规划阶段	交通规划满足最广大群体出行需求	避免	1. 城市居民； 2. 城市规划师	—	—
3.10	根据城市发展愿景进行城市规划	依据城市发展目标制定城市规划内容，因此设定规划目标	城市交通规划前	为城市规划提供指导原则	转移（减少、提升）	根据城市定位开展的交通规划会得到政策支持	短视的规划行为	1. 夏洛特； 2. 上饶； 3. 枣庄

车辆技术及应用

表3-6

序号	措施描述	方式、目的	阶段/范围	影响	影响方式	驱动力	实施障碍	成功案例
4.1	新能源车辆分时租赁	通过新能源车分时租赁的措施减少居民购车和购买内燃机车的需求，方便无车居民出行	城市范围	1. 减少传统化石燃料车辆的使用； 2. 提升能源使用效率； 3. 降低温室气体排放	转移（提升）	1. 新能源车辆生产商； 2. 经济能力较低人群； 3. 异地出行的人群	1. 技术及资金投入较大； 2. 运营、维护及相关成本较大； 3. 管理、法律缺位	—
4.2	出台电动自行车、独轮车、平衡车相关标准和使用规范	通过制定电动自行车、独轮车的制造、技术标准，明确使用环境等方式使其替代传统摩托车的出行方式，提升居民出行效率	国家、地区、城市范围	1. 减少私家车使用； 2. 减少化石燃料使用； 3. 减少温室气体排放	转移（提升）	1. 相关新能源交通工具开发商； 2. 经济能力较低人群	—	—

续上表

序号	措施描述	方式、目的	阶段 / 范围	影响	影响方式	驱动力	实施障碍	成功案例
4.3	经济鼓励新能源车生产、购买使用	通过购车补贴、充电补贴、减少相关税费等措施鼓励居民购买新能源车	国家、地区范围	1. 减少传统化石燃料车辆的保有量； 2. 提升能源使用效率； 3. 降低温室气体排放； 4. 提升新能源车生产制造水平	转移（提升）	1. 新能源车辆潜在购买者； 2. 新能源车辆生产商	1. 需要较大资金支持； 2. 管理难度较大	—
4.4	汽车燃料经济性限值标准	通过车辆限值标准提升燃料使用效率，降低高能耗车辆的保有量，减少温室气体排放	国家范围	1. 减少高能耗车辆数量； 2. 减少温室气体排放； 3. 提升车辆制造水平； 4. 促进相关技术开发及使用	避免（提升）	私家车主	传统车辆生产商	—
4.5	新能源车政策倾斜	通过不需要摇号、尾号通行不受限、拥堵区不受限、方便新能源车使用的最后政策鼓励新能源车推广	全国范围 + 城市范围	新能源车保有量提升	提升	1. 新能源车辆生产商； 2. 新能源车潜在购买者和使用者	传统汽车生产商	—
4.6	新能源车辆标准建设	统一新能源车设计标准，方便不同地区、不同型号的新能源车使用充电桩或其他设施	国家、城市范围	1. 便于新能源车辆规模化生产 2 车辆标准统一，通用性加强，使用更方便，车辆更加普及	提升	1. 国家电网； 2. 新能源车生产商； 3. 新能源车主	在新能源车辆保有量较低的阶段，承建相关设施成本效益低	—
4.7	鼓励在出租领域采用纯电动、混动车辆	提升出租汽车行业能源利用效率和二氧化碳排放	城市出租汽车行业	1. 减少传统化石燃料车辆的使用； 2. 降低温室气体排放； 3. 提升能源使用效率	提升	1. 新能源车生产厂商； 2. 出租车公司 / 驾驶员（运营成本降低）	1. 运营商初期巨大的投资； 2. 运营维护成本； 3. 受限于车辆性能，影响运营	—

续上表

序号	措施描述	方式、目的	阶段/范围	影响	影响方式	驱动力	实施障碍	成功案例
4.8	宣传无车日、倡导慢行交通出行和节能驾驶宣传	通过宣传无车日和节能驾驶技术，减少车辆的使用以及提升驾驶行为中的能源利用效率	全国范围	1. 减少私家车的使用； 2. 降低能源的无效浪费	避免/提升	全部市民	—	荷兰

基础设施建设

表3-7

序号	措施描述	方式、目的	阶段/范围	影响	影响方式	驱动力	实施障碍	成功案例
5.1	慢行交通网络建设	扩大慢行交通网络的长度和密度，增强慢行交通的可达性	城区范围内	1. 吸引中短距出行人群采用慢行交通方式； 2. 减少温室气体排放	转移（避免）	城市居民	—	1. 荷兰； 2. 巴萨罗那
5.2	充电桩/站建设	随时提供方便的新能源车充电服务	停车场、居民区、场站、学校、机关单位等车辆可能的停放点	吸引购车人群选择购买新能源汽车	提升/转移	1. 新能源车驾驶员； 2. 电力公司； 3. 新能源车生产商	土地资源	—
5.3	自行车快速路	通过隔离或明确的骑行空间，提供安全和更具有吸引力的骑行环境	城区或城乡结合区的自行车道路网	中短距离出行人群由私人车辆转移到自行车出行	提升（避免）	骑行爱好者	私家车驾驶员认为侵占道路资源	荷兰
5.4	HOV/HOT 高承载车道	通过物理隔离，仅允许高乘坐率和急救等车辆自由通行，提供安全和良好的驾驶环境	公交线网中的部分拥堵或主干路段	高载运出行车辆速度更快捷，安全	提升	—	缺少道路空间	—

续上表

序号	措施描述	方式、目的	阶段 / 范围	影　响	影响方式	驱　动　力	实施障碍	成功案例
5.5	修建交通枢纽	通过修建多种交通方式或主要干线的交汇，方便乘客在不同公共交通方式更加高效快捷的换乘	大型交通终点站和不同 / 相同交通方式换乘站	1. 提升公共交通的吸引力； 2. 提升出行效率； 3. 出行更加拿权	提升	1. 各公共交通运营企业； 2. 乘客	资金投入	—
5.6	P+R 设施	通过在枢纽、站点周边设置停车场地，方便骑行换乘、私家车出行的人群存放自行车、私家车转乘其他公共交通工具	公共交通换乘点、起（讫）点站及沿途各站	1. 吸引私家车出行人群到和公共交通； 2. 减少温室气体排放	转移（避免）	1. 城市居民； 2. 部分私家车驾驶员	1. 土地资源； 2. 明确维护管理责任	海宁
5.7	人性化的慢行交通设施设计和建设	通过修建路中岛、无障碍设计及与主干路无交叉干扰的过街设施，提升行人的安全和舒适程度	慢性交通线网和设施	增加慢行交通的安全性，吸引慢行交通出行，从而降低温室气体排放	提　升（转移）	1. 行人； 2. 机动车驾驶员	—	弗莱堡
5.8	潮汐车道设施（标识）/ 可变车道	通过根据时间提供随车流量变化而改变通过能力的车道，提升道路的通行能力	潮汐现象明显的城市主干道	1. 提升通勤效率； 2. 减少或缓解交通拥堵； 3. 减少温室气体排放	提升	汽车驾驶员及乘客	—	北京
5.9	路网监控设施	通过视频监控、地磁感应、GPS 数据监控等措施，实时监控道路车流情况，进行合理的疏导和线路调整	城市拥堵现象较为明显的主干路	缓解交通拥堵路段的拥堵程度	避　免（转移）	1. 汽车驾驶员； 2. 出行居民	资金、技术投入	枣庄
5.10	静态交通设施	通过提供非路边停车车位减少占道停车现象，同时配合差异化提供车收费措施，降低私家使用的吸引力	城区	1. 提升道路环境； 2. 降低私家车使用	避免	—	步行居民	海宁

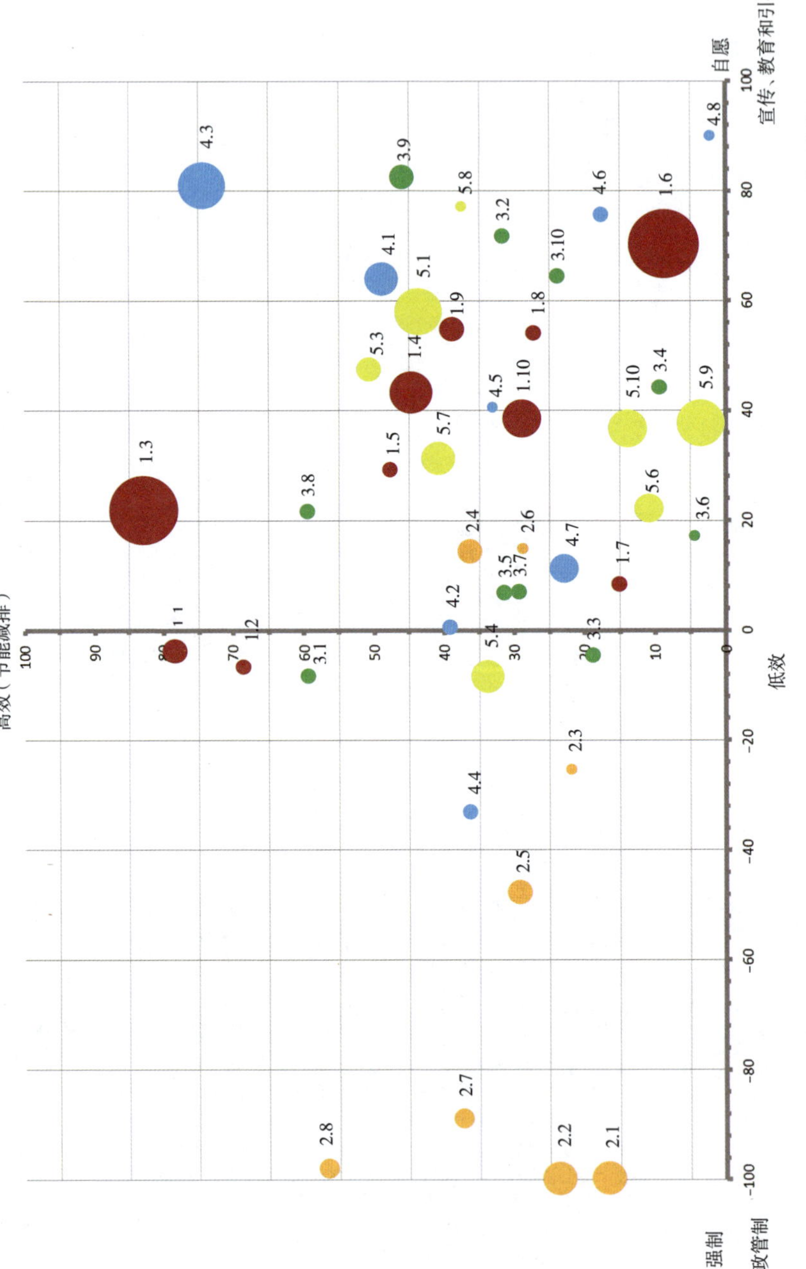

图3-26 各项措施减排潜力、资金投入及管制强度分布

制约中小城市开展和使用相关城市交通节能减排措施、技术的原因主要分为成本和居民的接受程度。通过咨询慢行交通、车辆技术相关专家的意见，采用德尔菲法，将表3-3～表3-7中总结的各项措施按照自愿与强制、减排效果的高与低以及措施实施过程中的资金投入等三个维度的要素进行总结并通过图3-26进行对比分析，其中，横坐标为措施的约束程度，从右至左为措施自愿到管制的约束程度依次增强，以此为衡量措施的维度是因为在实际决策中，管制性越强的措施往往更加难以开展，容易受到社会舆论的抨击，通过挖掘城市居民自觉降低温室气体排放的措施更加利于实施也更为彻底，因此措施性质通常是城市或国家级决策者需考虑的重要因素之一；纵坐标为措施减排效果的维度，自上而下为各措施温室气体减排效果的递减。城市交通温室气体减排措施应当以减排效果为另一个重点考虑的因素。圆点的大小反映了措施所需资金的投入，从成本效益的角度，决策者希望通过较少的投入获得较大的减排效果，同时引起较小的社会反弹，圆点右侧的编号为措施在表3-3～表3-7中的序号，圆点颜色则代表对应措施在表3-3～表3-7中的分类（公共交通发展类措施、交通（需求）管理措施/政策类措施、综合的城市和交通规划类措施、车辆技术及应用类措施和基础设施建设类措施）。因此在政策制定过程中，应在结合城市发展现状，根据措施性质、措施效果和资金投入进行综合考量（图3-26），对上述措施（包含但不限于）进行排列组合。最后根据不同城市的特点、经济发展水平、出行者对于各项措施的敏感程度，采取不同的措施和实施强度。各项措施的节能减排效果、资金使用量和行政强度随不同规模、经济发展水平等因素的变化而产生变化，因此，图3-26仅为专家根据广泛意义上各措施在中小城市中的效果而进行的打分确定的情况，在实际操作中应根据各中小城市具体情况具体分析。

第四章　城市交通影响因素和几种发展模式

第一节　城市交通影响因素分析

中小城市低碳交通发展的影响因素主要包括：城市规模、社会经济发展水平、机动化水平、交通供给、出行成本以及居民出行次数和距离等。在每一方面因素中选取了若干表征指标，并对样本城市的指标数据进行采集统计，进行初步分析，并为下一章排放预测模型及开展情景分析做好准备。

一、城市规模和空间布局

城市规模包括用地规模和人口规模，其大小决定了城市交通需求总量大小。城市空间结构和用地布局特征从源头上决定了交通需求特征。不同的城市空间结构和用地布局形态，形成了不同的人口和岗位的分布，从而生成相应的人员出行空间分布和出行距离，产生不同的交通需求。长距离出行倾向于采用机动化的出行方式，中距离出行则存在机动化方式和非机动化方式的竞争，而短距离出行倾向于采用非机动化的方式。海宁、呼伦贝尔等调研案例城市2015年的人口规模、用地规模如图4-1所示。

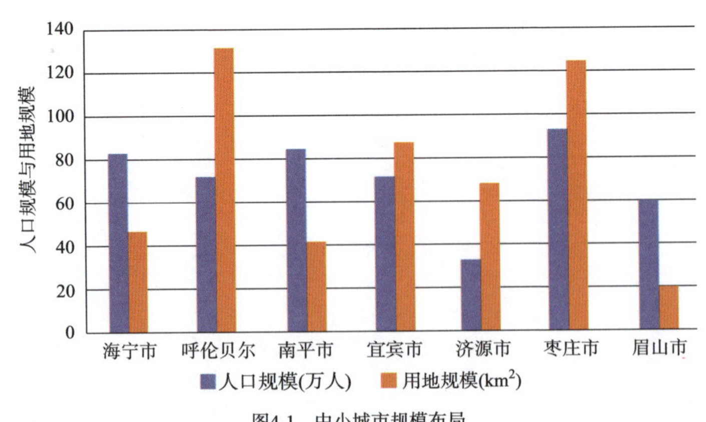

图4-1　中小城市规模布局

二、社会经济发展水平

社会经济因素主要体现在生产总值及居民生活水平两方面。

1.城市国民生产总值

城市国民生产总值是指一定时期内（本书中为“一年”），城市经济中所生产出的全部最终产品和劳务的价值，是衡量一个城市和地区经济发展水平的最佳指标。城市国内生产总值包括GDP和人均GDP，其中GDP反映了城市的总体经济状况，其大小在一定程度上决定了城市交通基础建设水平以及政府对城市交通的投资大小；人均GDP则反映了居民的生活水平，其在一定程度上影响了城市机动车保有量、交通方式选择偏好以及居民对各种交通方式出行费用的敏感度。

2.城市居民生活水平

居民生活水平可用居民可支配收入以及居民消费水平两个指标表示，居民生活水平对机动车保有量以及居民对出行费用的敏感度均有一定影响，生活水平高的居民有能力购买小汽车，采用小汽车出行的可能性较大；生活水平中等的居民购买小汽车的可能性大，对出行费用敏感度较低；生活水平较低的居民则采用公共交通出行的可能性更大，因此居民的生活水平对城市交通出行结构存在一定影响，对中小城市的低碳发展也存在影响。居民生活状况主要从人均可支配收入及居民消费水平两个方面考虑。根据各城市的统计年鉴或社会统计公报，海宁、呼伦贝尔等案例城市2015年的国内生产总值、人均GDP、人均可支配收入和居民消费水平如表4-1所示。

部分中小城市社会经济发展状况　　表4-1

序号	城市名称	GDP（亿元）	人均GDP（万元）	城镇居民人均可支配收入（元）	城镇居民人均消费支出（元）
1	海宁市	700	10.3	48325	26031
2	呼伦贝尔	1596	6.3	22461	16640
3	南平市	1340	5.1	26120	17690
4	宜宾市	1526	3.4	26207	17613
5	济源市	494.4	6.8	26532	19853
6	枣庄市	2031	5.3	25792	14744
7	眉山市	1030	3.4	26395	18698

三、城市机动化水平

社会经济发展给交通带来的最直观的影响表现在城市机动化水平的提升。由于小汽车交通较公共交通更自由便捷，较慢行交通更省时省力，同等运行效率的情况下拥有小汽车的家庭居民更倾向于采用小汽车出行。随着机动车保有量的增加，小汽车出行量会不断增加，量变导致质变，最终导致城市交通出行结构改变，发展路径和发展模式改变。衡量一个城市机动化水平的两个主要因素，分别为城市机动车保有量和私人机动车保有量。

根据各市的统计年鉴或社会统计公报，可以得到海宁、呼伦贝尔等案例城市的机动车保有量以及私人机动车保有量（图4-2）。从图中可以看出，城市机动车保有量和私人机动车保有量变化趋势一致，说明二者存在一定的相关性，需要在模型建立过程中进行变量筛选，确定对交通出行结构影响较大的因素作为自变量。

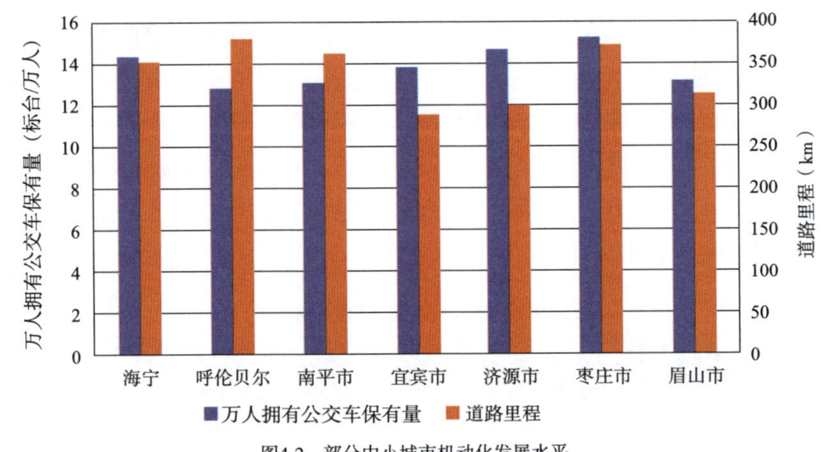

图4-2　部分中小城市机动化发展水平

四、交通供给状况

交通供给包括道路基础设施供给、城市公共交通基础设施供给以及静态交通供给三部分内容。

道路交通设施完善，道路服务水平高，在经济条件允许的情况下，出行者更愿意购置小汽车，采用小汽车出行；公共交通线路不足，公交车辆数量过少，公交线网密度低，站点覆盖率低，居民采用公交出行换乘不方便，公交服务水平低时，部分出行者将不愿意乘坐公交出行，而转向私人交通出行；中小城市规模较小，当居民住处与工作单位间距离适中，且所在城市具备设备优良、环境优美的慢行交通带，则居民会被吸引采用慢行交通方式出行；当城市静态交通供给不足，居民采用小汽车出行在目的地附近找不到足够的停车车位时，出行者需要将汽车停在较远的地方，这样会在一定程度上遏制小汽车交通出行量的增加，从而造成交通发展的改变。

根据各市的统计年鉴以及城市交通规划调查数据，可以得出海宁、呼伦贝尔等调研案例城市万人公交车保有量、道路里程等交通供给量水平，见图4-3。

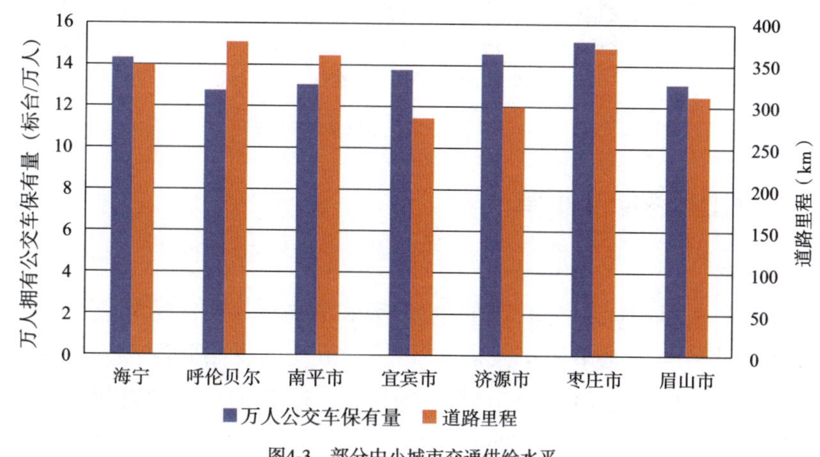

图4-3　部分中小城市交通供给水平

五、出行成本

经济学中将出行成本分为出行时间成本和出行机会成本两部分。出行时间成本定义为居民某次出行中所消耗的时间价值，而出行机会成本则是居民在一次出行活动中需要舍弃的进行其他事物所带来的收益。

为了获得直观的数据则将出行成本简化，仅为出行时间成本。出行成本是影响城市居民出行交通方式选择的一个重要因素之一。现状研究资料表明不同出行成本对小汽车出行的比例有不同的影响，当小汽车出行成本增加，而公共交通效率提升时，居民会舍弃小汽车出行转向公共交通出行。

选取公共交通出行时耗、小汽车出行时耗和慢行交通出行时耗3个指标来衡量城市的出行成本，根据海宁、呼伦贝尔等案例调研城市的调研和现有其他文献资料收集的相关数据见图4-4。

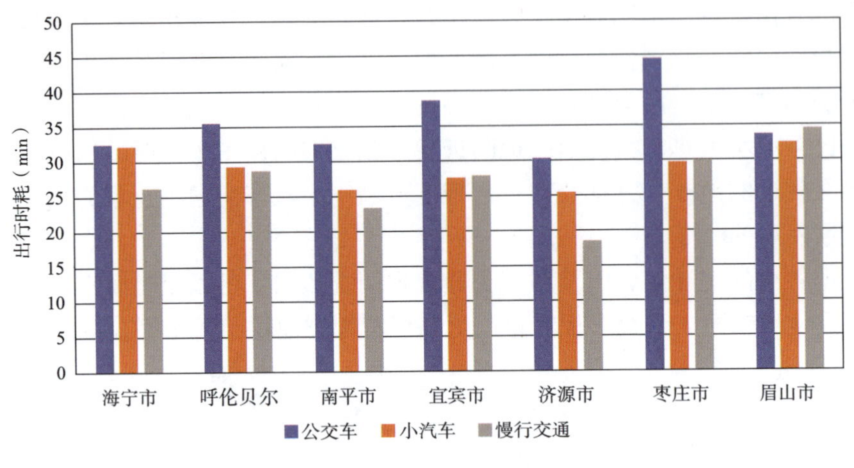

图4-4　部分中小城市出行成本状况

六、居民出行次数和距离

1. 出行次数

出行次数是衡量居民出行需求的重要指标之一，其在一定程度上受城市规模大小、空间布局结构、城市经济发展水平、城市交通供给状况以及城市居民生活习惯等因素影响。中小城市居民出行次数较多，这与中小城市规模小、出行距离短、出行时耗低、居民出行较方便有一定关系。随着城市规模不断增大，出行距离增长，出行时耗增大，居民人均出行次数降低，但大城市居民数量多，总体上出行强度大。一般而言，出行次数越高，采用私人交通出行的比例越大，即采用小型机动车以及慢行交通的出行比例越大。

2. 出行距离

居民出行距离是城市空间布局、城市工作居住用地分布的具体体现。总体而言，中小城市因城市规模低于大城市，总体出行距离较大城市低。对于不同用地布局的城市其平均出行距离各异，研究表明，出行次数少、出行时耗大、出行距离长时，出行者对出行的速度要求较高，因而出行者选用机动化出行方式的比例增大，即公交车出行以及小型机动车出行比例会相对增大；而出行次数多、出行距离短时，出行者对出行的舒适度以及出行的经济性要求较高，此时慢行交通以及高质量的公共交通出行需求会增大。为了增加中小城市交通吸引力，可以重点考虑交通系统的服务水平，提供高品质交通服务。案例调研城市居民平均出行次数和出行距离如图4-5所示。

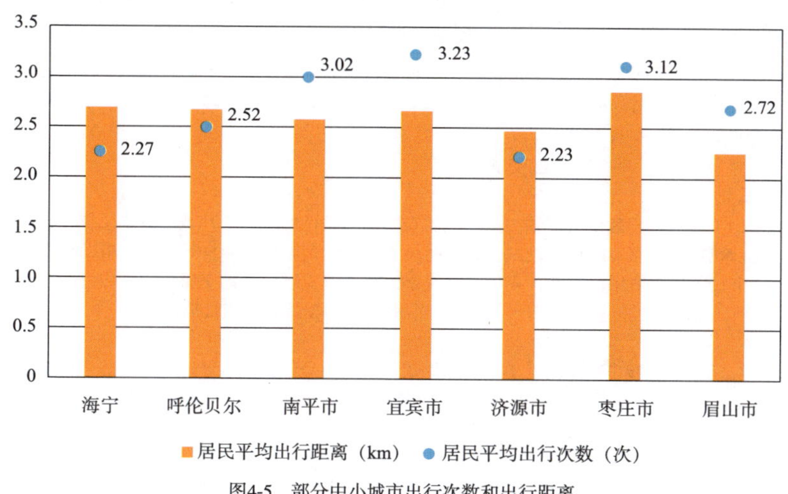

图4-5 部分中小城市出行次数和出行距离

七、政府政策引导

为实现城市发展目标，适应可持续发展的战略要求，地方政府出台的一系列政策对某些出行方式给予保障或加以限制，例如优先发展城市公交、发展快速公交、调整小汽车的购买、引导小汽车的使用、限制摩托车的使用、发展慢行交通体系、鼓励绿色出行等，这些政策对居民出行方式的选择有重要的引导作用。

第二节 城市类型与交通模式的关系

我国幅员辽阔、人口众多，不同的中小城市在形态、经济发展水平、功能、规模、区位、出行习惯等方面存在很大差异，中小城市的交通发展模式也存在较大差异。因此，不同类型的中小城市应根据各自城市的特点来选择适合自身发展的低碳交通模式。

1.城市形态分类与交通模式

基于不同的城市形态，我国中小城市形态分为四种主要类型：平原型城市、丘陵山地型城市、带状型城市和组团式城市，每种类型都对应着发展不同的交通模式，见表4-2。

城市形态分类与交通发展模式　表4-2

序号	城市形态	交通发展模式
1	平原型城市	平原型城市的发展一般受地理环境的影响比较小，城市道路比较平坦，主要表现为区域性的交通特征。因此，平原型城市的交通模式受城市形态的影响较小，除了机动化交通方式外，自行车、步行等非机动化出行方式也应是平原型城市的重要交通模式，是一种混合型的交通模式
2	丘陵山地型城市	丘陵山地型城市的发展本身受地理条件的限制，其城市道路比较崎岖，路况条件比平原地区相对较差，其交通模式也会受到影响。如自行车等非机动化交通方式在此类中适用性较低，丘陵山地城市的交通模式以机动化交通为主、步行出行为辅。我国西部地区山地城市多，而东部沿海地区的丘陵城市相对较多
3	带状型城市	城市发展因受地形、地理条件限制而呈带状发展。这类城市的走廊交通特征十分明显，城市交通主要集中在一条或多条走廊上，这类城市的带状方向比较适合发展大容量、集约化的交通方式，如轨道交通、快速公交等
4	组团式城市	组团式城市交通一方面要解决组团之间的联系问题，还要解决组团内部的交通问题，其交通特征既有走廊式特征，又有区域性交通特征，因此组团式城市的交通模式既要便于各组团之间的联系，又要为区域交通服务，较适合发展组团之间的轨道交通、快速公交和区域内部的支线公共交通

2.城市规模分类与交通模式

我国中小城市人口和用地规模差别较大，因此所确定的交通模式也应该存在很大差别。不同规模城市对交通方式的确定各有不同，人口规模较大的城市，交通需求量高，对大运量公共交通方式的依赖性高；反之，人口规模较小的城市对低运量的私人交通方式的依赖性高。用地规模较大的城市，人们的出行距离比较长，需要更加快速的交通方式才能适应城市的发展，因此会选择轨道交通、快速公交等快速的公共交通方式。用地规模较小的城市，人们的出行距离较短，更适合中低运量的公共交通和慢行交通等出行方式。

3.城市经济发展水平分类与交通模式

城市经济发展水平对城市交通模式的影响较大，经济越发达，城市居民生活水平越高，对交通方式的服务水平要求就高，不仅需要快速的交通方式，而且对交通方式的服务水平（如可达性、舒适性等）和服务质量（如准点率等）要求更高。我国东、中、西部地区经济发展差别大，不同经济水平中小城市之间的经济水平差异也较大，因此在确定交通发展模式上也存在很大差异。东部地区的部分中小城市都在发展快速公交、有轨电车、小汽车等交通方式，西部地区的许多城市仍主要依赖于传统的公共汽车等方式，缺少层次化、多元化发展。

第三节　城市交通低碳发展模式选择

发展模式是指某个国家、某个地区或者某个行业根据其当前所处时代的经济特征、文化特征、社会特征、生态特征等，顺应时代的发展趋势，在体制、结构以及行为方式等方面互相融合共同作用形成的一种发展方向。交通发展模式反映了城市交通的发展战略，是战略指导下的交通建设、运行、管理以及其他要素的总和。

一、我国城市主要交通模式

根据我国城市的发展规模、经济和文化特征等，我国城市的交通发展模式大致可以归结为四类：慢行交通发展模式、中运量公交发展模式、大运量公交发展模式和组合式交通发展模式。

1.慢行交通发展模式

慢行交通城市模式是指发展以自行车、步行等交通方式为主体的交通模式。随着城市可持续发展、能源、生态环保等问题的出现，发展环境友好型交通成为城市交通发展的重要战略。由于经济、便捷、节能、零排放等优点，自行车在过去和现在都是我国城市居民出行的主要交通方式，而且在将来也应该充分保留并重视其发展。电动自行车、互联网租赁自行车等都可以为市民通勤出行发挥很大的作用，可有效减少城市对小汽车的依赖。我国城市人口众多，是世界上主要的能源消耗大国，尤其是交通能源消耗目前依旧保持快速的增长速度。这类中小城市应继续保持原有的交通模式，即以自行车和步行为主的绿色交通模式，鼓励这些城市建设自行车交通网络，合理发展“共享单车”，继续保持城市的高宜居性，促进城市的良性健康发展。

适应类型：城区人口50万人以下的小型城市。

2.中运量公交发展模式

中运量公交发展模式是指以发展常规公共汽车、无轨电车、有轨电车、快速公交（BRT）以及社区公交、定制公交为主的模式，是我国城市交通模式发展的另一个重要方向，也是加快落实我国优先发展城市公共交通发展战略的重要方面，坚持了“以人为本”的基本原则，其显著特点是低能耗、低污染、高能效及经济性高等。

适应类型：城区人口在50~100万人的中型城市。

3.大运量公交发展模式

大运量公交模式是指以轨道交通为主要交通方式的模式，城市的通勤交通、城市用地发展主要围绕轨道交通进行。城市交通体系以轨道交通为主体，公共汽电车、自行车、小汽车等其他交通方式围绕轨道交通形成补充，共同构成一体化的城市综合交通体系。我国北京、上海、天津、广州等城市都属于这种模式。

适应类型：城区人口在500万人以上的大型城市和超大型城市。

4.组合式交通发展模式

组合式交通模式是指城市交通体系没有明显的主导方式，针对城市自身的特点，各种交通方式充分发挥自身的优势，形成有机整体，共同为城市居民出行提供服务。这种交通模式包括大容量快速轨道交通提供走廊式快速出行服务，形成城市交通的骨干，高密度的又有公共汽（电）车线网提供服务，还有自行车、小汽车等可达性较强的交通方式。

适应类型：城区人口在100~500万人的大型城市。

二、中小城市的交通发展模式

根据我国中小城市的特点，其交通发展模式大致也可以归结为四类：“公共交通”主导模式、“慢行交通”主导模式、“各种交通方式”均匀发展模式和“小汽车交通”主导模式。

1.“公共交通”主导模式

“公共交通”主导模式是以城市公共交通（含常规公交、地铁、快速公交、有轨电车等）为主体，公共交通出行比例大于50%，且占城市通勤出行的主体地位，其代表国家和地区有德国等欧洲国家的大部分城市、日本的东京和大阪、新加坡、中国香港等。这种模式的主要优点是能满足大量的出行需求，出行效率较高，居民出行方便、经济，体现了“以人为本”的发展理念，属于“资源节约、环境友好型”发展模式，能缓解中心城区的日常通行压力，使得城市集约化发展，突出了中心城区的地位和作用，能有效解决城市能源紧缺、环境污染、土地过度开发等问题。

2.“慢行交通”主导模式

“慢行交通”主导模式是指自行车、步行交通在城市交通方式中出行的比例大于50%，其代表城市有我国的呼和浩特、桂林市等。自行车在过去和现在都是我国城市居民出行的主要交通方式，它和步行一样都是绿色交通，是城市公共交通的重要补充，是解决城市交通“最后一公里难题”的重要措施，能很好地降低城市的污染排放和减少能源消耗。尤其是随着城市“共享单车”的发展，开创了慢行交通发展的新机遇。可以预见，在不久的将来，随着社会的发展，环保意识和健身意识明显加强，骑行必将成为一种时尚为年轻人所追捧，慢行出行的比例也会逐渐提高，“慢行交通”主导模式更加显著。由于步行和自行车平均占地面积低，又是零排放，可有效缓解城市交通拥堵和环境空气污染的巨大压力，明显提升市民的幸福感。

3.“各种交通方式”均匀发展模式

“各种交通方式”均匀发展模式是指小汽车交通出行、公交出行和慢行交通出行的比例均不大于50%，其代表城市有巴黎市、伦敦市、柏林市等。这种模式的特点是中心城区的交通主要以公共交通为主，中心城外围小汽车交通比例较高，城市短距离出行以慢行交通为主，但各种交通方式应充分发挥出各自的优势，才能发挥出城市交通的整体效率。均匀发展型的城市人口密度较高，城市交通效率、环境保护和土地利用都比小汽车导向型的城市好，但对于土地资源紧缺、人口密度高、人口基数大的地区，均匀发展模式会超出能源、土地和环境的约束范围，会阻碍城市的可持续发展。

4.“小汽车交通”主导模式

“小汽车交通”主导模式是以小汽车交通为主体，小汽车的出行比例大于50%，其代表地区是美国的华盛顿、纽约、澳大利亚等。这种交通模式会导致中心城市拥堵不堪、交通事故增多、行车难、停车难、交通秩序混乱、城市环境空气质量严重恶化，无车一族、残障人士和弱势群体等出行十分不便，并将继续形成严重恶性循环，导致城市交通问题无法解决。从未来发展来看，城市向郊区延伸，造成城市中心区的低密度，使城市空心化和城市中心逐渐衰弱，并占用大量的耕地，破坏生态环境，造成过度依赖化石能源、温室气体大量排放和严重的城市交通拥堵等问题。因此，这种发展模式是一种资源浪费、不可持续的发展道路，尤其是对多数人均资源和环境水平低的国家、地区和城市的影响更加明显。

以上四种模式中，前两种属于低碳的发展模式，属于适用于我国中小城市的低碳交通发展的优先推荐模式，第三种次之，第四种最次，完全不适合我国城市的发展实际。

第五章　中小城市交通低碳发展的情景分析

基于中小城市的社会经济、交通、生态发展，设置基准情景、低碳情景和强化低碳情景三种情况，三种情景的不同设定如下。

（1）基准情景：按照现有政策与技术途径，预测目标年（2020年、2025年、2030年）中小城市低碳发展的趋势及其节能减排效益。

（2）低碳情景：通过提升现有政策与技术途径，预测目标年（2020年、2025年、2030年）中小城市低碳发展的趋势及其节能减排效益。

（3）强化低碳情景：通过大力提升低碳政策与技术途径，预测目标年（2020年、2025年、2030年）中小城市低碳发展的趋势及其节能减排效益。

中小城市交通二氧化碳排放源主要为城市公共汽电车、出租汽车和私人小汽车三类。在能源与二氧化碳排放的计算上采用“自下而上法”，即通过中小城市不同能源结构车辆数量、行驶里程和百公里能耗的计算得到中小城市交通能源消耗，并根据不同燃料的二氧化碳排放因子等参数，得到我国不同燃料类型中小城市二氧化碳排放量，最后通过逐项累加计算得出温室气体排放总量。计算式如下：

$$CO_2\text{emissions}=\sum(VK_{i,j,k,l}\times VKT_{i,j,k,l}\times FE_{i,j,k,l}\times EF_{i,j,k,l})\qquad(5\text{-}1)$$

式中，VK为车辆保有量；VKT为年均行驶里程；FE为燃料经济性（每百公里的油耗、气耗和电耗）；EF为排放因子；i为车辆类型；j为燃料类型；k为排放标准；l为城市所在区域。

第一节　情景设定

一、社会经济发展

1.城镇人口

在中小城市交通二氧化碳排放情景分析中，中小城市的城镇人口数量一方面对日出行总次数起到了至关重要的影响，另一方面，城镇人口数量对于城市公交车保有量有着重要影响，按照《关于调整城市规模划分标准的通知》（以下简称《通知》），新的城市规模划分标准以城区常住人口为统计口径，将城市划分为五类七档：城区常住人口50万人以下的城市为小城市，其中20万人以上50万人以下的城市为Ⅰ型小城市，20万人以下的城市为Ⅱ型小城市；城区常住人口50万人以上100万人以下的城市为中等城市；城区常住人口100万人以上500万人以下的城市为大城市，其中300万人以上500万人以下的城市为Ⅰ型大城市，100万人以上300万人以下的城市为Ⅱ型大城市；城区常住人口500万人以上1000万人以下的城市为特大城市；城区常住人口1000万人以上的城市为超大城市。根据《城市道路交通规划设计规范》，城市公共汽电车的规划拥有量应符合以下标准：大城市为每800~1000人/标台，中小城市应每1200~2500人/标台。而对于出租汽车，大城市每千人不少于2辆，小城市每千人不少于0.5辆。而对于私家车数量，按照欧美国家经验，每千人不多于800辆，而按照日韩等东亚发达国家经验，每千人不多于400辆，因此，中小城市城镇人口对于城市公共交通车辆供给的预测至关重要。

对于全国人口的预测，根据国家卫生健康委的政策调整，继2014年开放“单独二胎”政策后，2016年开始实施“全面开放二胎”政策，在此背景下，认为在2026年达到14.06亿的人口峰值后，人口处于缓慢下降趋势，最终在2030年达到13.99亿的人口数量。

城镇人口的数量由全国人口与城镇化率相乘得到。根据国家统计局2016年的统计，2015年中国城镇化率为56.1%，而根据国家发改委公布的“十三五规划”纲要草案到2020年常住人口城镇化率将达到60%。按照中国社会科学院城市发展与环境研究所在《城市蓝皮书：中国城市发展报告No.8》中提出的研究成果，中国城镇化率在2030年有望达到70%。按照上述设定，认为中国城镇化率在2020年和2030年分别达到60%和70%。中间各年，均等取值。

中小城镇人口数量以2015年为基准，主要来源于各地级市统计年鉴、各市年鉴、部分县市区的统计公报及相关政府网站。通过数据收集，整理我国县级以上行政区划的常住人口数量，我国2854个行政区划中，有1966个为中小城市，其中，中小城市城镇人口数量为约3.3亿人，设定未来城镇化进程中，中小城市人口比例占城市总人口比例保持相对稳定。全国人口、城镇人口中小城市人口预测见表5-1。

全国人口、城镇人口及城镇化率历史及预测　　表5-1

年份	2015	2016	2017	2018	2019
全国人口（万人）	137297.3	137749.5	138361.4	138827	139241.8
城镇化率（%）	56.10%	56.88%	57.66%	58.44%	59.22%
城镇人口（万人）	77023.79	78351.92	79779.18	81130.50	82458.99
中小城市城镇人口（万人）	32642.93	33205.8	33810.67	34383.37	34946.39
年份	2020	2021	2022	2023	2024
全国人口（万人）	139602.5	139906.6	140152.5	140338.8	140464.7
城镇化率（%）	60.00%	61.00%	62.00%	63.00%	64.00%
城镇人口（万人）	83761.50	85343.03	86894.55	88413.44	89897.41
中小城市城镇人口（万人）	35498.39	36168.65	36826.19	37469.9	38098.81
年份	2025	2026	2027	2028	2029
全国人口（万人）	140529.8	140533.9	140476.8	140358.6	140179.7
城镇化率（%）	65.00%	66.00%	67.00%	68.00%	69.00%
城镇人口（万人）	91344.37	92752.37	94119.46	95443.85	96723.99
中小城市人口（万人）	38712.04	39308.75	39888.13	40449.41	40991.94
年份	2030	—	—	—	—
全国人口（万人）	139940.2	—	—	—	—
城镇化率（%）	70.00%	—	—	—	—
城镇人口（万人）	97958.14	—	—	—	—
中小城市人口（万人）	41514.97	—	—	—	—

2.经济发展水平

情景分析中，我国“十三五”期GDP的总体增长与《“十三五”规划纲要全文》中对于GDP增长的要求保持一致，即按照GDP年均增速预计6.5%左右进行预测，其GDP预测的增速与出租汽车和公交车数量有着直接的关系，即2015—2020年，我国GDP增长为6.5%左右。按照发达国家经济发展的规律，当国家经济总量达到一定水平后，GDP很难保持高速的增长趋势，情景分析中对在2020—2030年间的GDP增速持审慎乐观的态度，按照5%左右的增速发展。

2015年中小城市地区生产总值源于各地级市统计年鉴、各市年鉴、部分县市区的统计公报及相关政府网站。设定未来城镇化进程中中小城市地区生产总值占国家生产总值比例保持相对稳定。

我国中小城市GDP增长及预测增速预测见表5-2。

全国和中小城市GDP增长历史和预测　　表5-2

年份	2015	2016	2017	2018	2019
国家生产总值（亿元）	676708	722927.16	772375.374	825205.85	881732.45
中小城市地区生产总值	297724.4	297490	317838.3	339578.4	362839.6
年份	2020	2021	2022	2023	2024
国家生产总值（亿元）	942131.12	986976.56	1033956.6	1083173	1134732
中小城市地区生产总值	387694.1	406148.3	425480.9	445733.9	466950.8
年份	2025	2026	2027	2028	2029
国家生产总值（亿元）	1188745.3	1245329.5	1304607.2	1366706.5	1431761.8
中小城市地区生产总值	489177.7	512462.5	536855.7	562410	589180.8
年份	2030	—	—	—	—
国家生产总值（亿元）	1499913.6	—	—	—	—
中小城市地区生产总值	617225.8	—	—	—	—

二、运输装备

1.公共汽电车

城市公共交通车辆载运能力以“标台”为单位，根据建设部《关于印发城市建设系统指标解释的通知》（建综〔2001〕255号），公交车辆标台折算是根据车长计算的，即车长为5~7m的公交车折合0.7标台；7~10m长的公交车折合1标台；10~13m车长的公交车折合1.3标台；13~16m车长的公交车折合1.7标台；16~18m车长的公交车折合2.0标台；双层车折合1.9标台。城市公共交通车辆标台数直接决定了公共交通载运能力和服务水平，并与经济发展水平、城镇常住人口相关。因此，作者认为全国公交车标台数量与全国城镇常住人口和国家生产总值成线性相关，因此采用SPSS（Statistical Product and Service Solutions）对公共汽电车标台数进行基于城镇常住人口和国家生产总值的线性回归进行预测。预测分析过程见表5-3~表5-6。

变量输入/移除[b]　　表5-3

模　型　1	自变量输入	变量移除	方　式
1	国家生产总值，城镇常住人口[a]	—	输入

注：a为所需输入的自变量。
　　b为因变量：公共汽电车标台。

模型总结[b]

表5-4

模 型 1	R	拟合优度	修正后的决定系数	估计得标准误差
1	0.996[a]	0.992[a]	0.991	12866.62440

注：a为预测:国家生产总值，城镇常住人口。
b为因变量：公共汽电车标台。

方差分析[b]

表5-5

模 型	平方和	自由度	均 方	F 值	显著性
Regression Residual Total	2E+011 2E+009 2E+011	2 12 14	1.215E+011 165550023.3	733.972	0.000[a]

注：a为预测：国家生产总值，城区常住人口。
b为因变量：公共汽电车标台。

影响系数[a]

表5-6

模 型	非标准化系数		标准化系数	t	显著性
	B	Std.Error	Beta		
	–192976	93087.259		–2.073	0.060
城镇人口	7.970	2.068	0.544	3.806	0.003
国家生产总值	0.328	0.103	0.456	3.195	0.008

注：a为因变量：公共汽电车标台。

基于往年的历史数据，将城市公共汽电车标台数量、城镇人口和国家生产总值的历史数据，进行城镇人口和国家生产总值对城市公共汽电车标台数量的线性回归，并通过了置信区间为90%的检验，且拟合的决定系数（R-Square）和修正的决定系数（AdjustedR-Square）分别为0.992和0.991，拟合优度很高，因此认为回归预测基本可信。

$$\text{公共汽电车标台} = 4.97 \times \text{城镇人口} + 0.382 \times \text{国家生产总值} - 192976 \quad (5\text{-}2)$$

根据式（5-2）回归后的各年城市公共汽电车标台总量，依照近年各城市公共汽电车标台的分布，按人口比例将预测的公共汽电车标台数量划拨到各城市。同时，公交车保有量也受到城镇人口的限制，根据《城市道路交通规划设计规范》（GB 50220—95）中的要求，大城市为800~1000人/标台，中、小城市为

1200~1600人/标台。依照城镇常住人口分布，对各城市公共汽电车标台数量依照上述标准进行合理调整，最后依照各省城市车辆车型特点将公共汽电车标台转换为车辆数（表5-7）。

中小城市公共汽电车现状及预测（单位：万辆）　表5-7

年份	2015	2016	2017	2018	2019	2020	2025	2030
中小城市	14.12	14.66	15.15	15.60	16.00	16.37	17.88	18.85
其他规模城市	45.37	47.11	48.68	50.12	51.41	52.61	57.43	60.55

2.出租汽车

地方职能部门在出租汽车投放和准入管理过程中，直接对总量进行控制，负责投放和回收，与经济水平和市场变化的因素相关性不明显，为能通过相关性检验，采用趋势分析的方法，并结合《城市道路交通规划设计规范》对不同规模及类型的城市出租汽车保有量进行预测，即根据我国“十二五”及之前的出租汽车发展趋势，根据时间序列变化预测我国出租汽车未来预测年的数量（表5-8），并满足大城市每千人不少于2辆，小城市每千人不少于0.5辆的要求。

中小城市出租汽车现状及预测（单位：万辆）　表5-8

年份	中小城市	其他规模城市	年　份	中小城市	其他规模城市
2015	42.39	132.68	2019	44.27	138.55
2016	42.84	134.06	2020	44.69	139.85
2017	43.31	135.55	2025	47.05	147.24
2018	43.82	137.13	2030	49.08	153.61

3.私人小汽车

西方发达国家的经验表明，私人小汽车的普及程度和经济发展水平直接相关，同时也受到城镇人口的限制。以欧美国家的经验，发达国家私人小汽车的人车比为每千人600~800辆，而根据东亚发达国家——日本和韩国的经验，人车比约为每千人400辆。私人小汽车数量受到各省份经济发展水平、城市地理地貌和出行传统的影响。同时考虑不同地区经济发展水平和消费理念的区别，在小汽车数量的预测中，按照地区“十三五”期GDP增长的目标，预测了2016－2020年各省份GDP增长（未明确GDP增速的省份按照国家“十三五”期GDP平均增速预期6.5%计算）。

根据各省份GDP与私人小汽车保有量统计，进行了私人小汽车基于GDP的单一因素回归，并基于GDP预测了私人小汽车的保有量。同时，考虑小汽车的主要发展趋势，预测了2018—2030年私人小汽车的数量（表5-9），本预测为假定私人小汽车增长不受到广泛约束背景下的预测值，根据《城市公共交通“十三五”发展纲要》的要求“谨慎采取机动车限购、限行的‘两限’政策，避免‘两限’政策常态化。已经实行的城市，适时研究建立必要的配套政策或替代措施”。因此认为“十三五”期小汽车呈现自然增长的态势，同时根据日韩国家小汽车保有量的经验，当城市私人小汽车数量达到城镇人口的40%时，认为私人小汽车保有量趋于饱和，不再增长。

中小城市私人小汽车现状及预测（单位：万辆）　　表5-9

年　份	中小城市	其他规模城市	年　份	中小城市	其他规模城市
2017	3882.58	12150.92	2020	5126.95	16045.27
2018	4267.97	13357.02	2025	6942.34	21726.72
2019	4682.04	14652.90	2030	9265.22	28996.38

三、交通能源结构

1.公共汽电车能源结构

改变能源消费结构是减少温室气体排放的有效措施之一，依据现有技术，公共汽电车的能源结构类型可主要划分为汽油、柴油、LPG、CNG和纯电动车辆，其中汽油、柴油、LPG为传统化石燃料，燃烧后温室气体排放量较高；CNG为替代能源，因而产生的温室气体排放量较低；电能为清洁能源，所以纯电动车辆不计算温室气体排放。在低碳和强化低碳情景中以传统化石燃料为能源的车辆比例将会受到限制，而CNG和纯电动车辆所占的数量和比重将会有较为明显的提升。其中，基准情景下2020年新能源公交车比例达到2%，2030年新能源公交车比例达到4%；低碳情景下2020年新能源公交车比例达到3%，2030年新能源公交车比例达到5%；强化低碳情景下2020新能源公交车比例达到5%，2030年新能源公交车比例达到7%，如表5-10所示。

三种情景下不同能源类型的城市公共汽电车车辆结构　　表5-10

情景	能源消费结构	2010年（历史数据）		2016年（历史数据）		2020年		2030年	
		数量（万辆）	比例（%）	数量（万辆）	比例（%）	数量（万辆）	比例（%）	数量（万辆）	比例（%）
基准情景	汽油	3.69	9.31	6.10	9.87	6.24	9.04	6.49	8.18
	柴油	29.21	73.58	45.24	73.23	45.70	66.25	46.59	58.68
	CNG	5.83	14.67	8.77	14.19	11.12	16.13	14.51	18.28
	LPG	0.97	2.44	1.44	2.33	1.48	2.14	1.57	1.98
	电动	0.00	0.00	0.24	0.39	4.45	6.45	10.24	12.89
低碳情景	汽油	3.69	9.31	6.11	9.89	6.79	9.84	7.79	9.81
	柴油	29.21	73.58	45.33	73.37	49.76	72.13	55.90	70.40
	CNG	5.83	14.67	8.74	14.15	9.94	14.41	11.78	14.84
	LPG	0.97	2.44	1.44	2.33	1.61	2.33	1.88	2.37
	电动	0.00	0.00	0.16	0.26	0.89	1.29	2.05	2.58
强化低碳情景	汽油	3.69	9.31	6.07	9.83	6.58	9.54	7.55	9.50
	柴油	29.21	73.58	45.06	72.93	48.23	69.92	54.15	68.20
	CNG	5.83	14.67	8.82	14.27	10.38	15.05	12.29	15.48
	LPG	0.97	2.44	1.43	2.32	1.56	2.26	1.82	2.30
	电动	0.00	0.00	0.40	0.64	2.22	3.22	3.58	4.51

2.出租汽车能源结构

城市出租汽车现有的能源类型主要为汽油、柴油、LPG、CNG、双燃料、纯电动和混合动力等。其中，汽油、柴油和LPG为传统的化石燃料，同样燃烧后温室气体排放量较高。CNG、纯电动和混合动力因其排放较为清洁并具有较高的燃料利用效率，故在低碳和强化低碳情景中受到推广。传统化石燃料车辆受到抑制，在能源结构中的比例将会下降。其中，基准情景下2020年新能源及替代能源出租车比例达到2%，2030年新能源及替代能源出租车比例达到4%；低碳情景下2020年新能源及替代能源出租车比例达到3%，2030年新能源及替代能源出租车比例达到5%；强化低碳情景下2020年新能源及替代能源出租车比例达到5%，2030年新能源及替代能源出租车比例达到7%，如表5-11所示。

三种情景下不同能源类型的出租车辆结构　　表5-11

情景	能源消费结构	2010年（历史数据）		2016年（历史数据）		2020年		2030年	
		数量（万辆）	比例（%）	数量（万辆）	比例（%）	数量（万辆）	比例（%）	数量（万辆）	比例（%）
基准情景	汽油	85.22	70.16	117.02	66.84	110.48	59.88	107.10	52.85
	柴油	8.77	7.22	15.32	8.75	14.74	7.99	14.94	7.37
	LPG	0.60	0.50	0.95	0.54	0.92	0.50	0.93	0.46
	CNG	1.70	1.40	4.08	2.33	8.02	4.35	13.02	6.43
	双燃料	25.16	20.72	37.71	21.54	35.97	19.49	35.10	17.32
	电动	0.00	0.00	0.00	0.00	10.78	5.84	23.66	11.68
	动力	0.00	0.00	0.00	0.00	3.60	1.95	7.90	3.90
低碳情景	汽油	85.22	70.16	117.64	66.50	120.30	65.19	128.51	63.40
	柴油	8.77	7.22	15.46	8.74	16.05	8.70	17.92	8.84
	LPG	0.60	0.50	0.96	0.54	1.00	0.54	1.12	0.55
	CNG	1.70	1.40	4.29	2.42	5.14	2.78	6.70	3.31
	双燃料	25.16	20.72	38.00	21.48	39.16	21.22	42.11	20.78
	电动	0.00	0.00	0.41	0.23	2.16	1.17	4.74	2.34
	动力	0.00	0.00	0.14	0.08	0.72	0.39	1.58	0.78
强化低碳情景	汽油	85.22	70.16	116.94	66.10	116.62	63.20	124.50	61.43
	柴油	8.77	7.22	15.36	8.68	15.56	8.43	17.36	8.57
	LPG	0.60	0.50	0.96	0.54	0.97	0.53	1.08	0.53
	CNG	1.70	1.40	4.49	2.54	6.22	3.37	7.89	3.89
	双燃料	25.16	20.72	37.77	21.35	37.96	20.57	40.80	20.13
	电动	0.00	0.00	1.03	0.58	5.39	2.92	8.29	4.09
	动力	0.00	0.00	0.35	0.20	1.80	0.98	2.77	1.37

3.私人小汽车能源结构

私人小汽车主要使用的能源为汽油，但随着国家支持节能减排力度的逐渐加大，新能源车辆所占比例也将逐渐增加。在三种情景中，随着节能减排力度的逐渐增加，新能源车辆所占比例也将逐渐增加。在三种情景中，基准情景按照国家《节能与新能源汽车产业发展规划2012—2020年》的目标，到2020年纯电动汽车和插电混合汽车累计销售达到500万辆的目标；低碳情景，强化低碳情景在此基础上依次增加新能源车辆的比例。其中，基准情景下2020年新能源及替代能源出租车比例达到2%；2030年新能源及替代能源出租车比例达到4%；低碳情景下2020新能源及替代能源出租车比例达到3%；2030年新能源及替代能源出租车比例达到5%；强化低碳情景下2020新能源及替代能源出租车比例达到5%；2030年新能源及替代能源出租车比例达到7%，如表5-12所示。

三种情景下不同能源类型的私人小汽车车辆结构 表5-12

情景	能源消费结构	2010年（历史数据）		2016年（历史数据）		2020年		2030年	
		数量（万辆）	比例（%）	数量（万辆）	比例（%）	数量（万辆）	比例（%）	数量（万辆）	比例（%）
基准情景	汽油	5879.26	100	13173.43	100	19055.00	90.07	30609.28	80.13
	电能	0.00	0.00	0.00	0.00	2100.85	9.93	7590.84	19.87
低碳情景	汽油	5879.26	100	14493.65	99.6	20748.77	98.02	36731.14	96.03
	电能	0.00	0.00	57.77	0.40	420.17	1.98	1518.17	3.97
强化低碳情景	汽油	5879.26	100	14406.34	99.01	20113.61	95.04	35583.29	93.05
	电能	0.00	0.00	144.43	0.99	1050.42	4.96	2656.79	6.95

因为中小城市公交、出租、私人小汽车车辆及能源结构数据难以收集，因此中小城市公交、出租、私人小汽车车辆及能源结构按照中小城市人口与全国人口比例进行计算，进而得出能耗和排放的相应数据。

四、交通出行

1.城市慢行交通出行分担率分析

对于城市公共汽电车、城市出租汽车、轨道交通和私人小汽车的客运量预测，主要采用人均出行次数法结合城市客运在全方式出行中的分担率进行预测，城市居民全方式出行次数主要基于城镇人口，同时根据城市规模和出行特征设定人均公共交通日出行次数，设定每年出行天数为265天，不同规模城市人均日出行次数不同。由此得出城市居民年全方式出行次数。其小型城市居民人均日出行次数为1.5人次；中等城市居民日出行次数为1.8人次；大型城市居民日出行次数为2人次；特大城市居民日出行次数为2.5人次；超大城市居民日出行次数为2.5人次，城市慢行交通出行情况分担率分析见图5-1~图5-3。

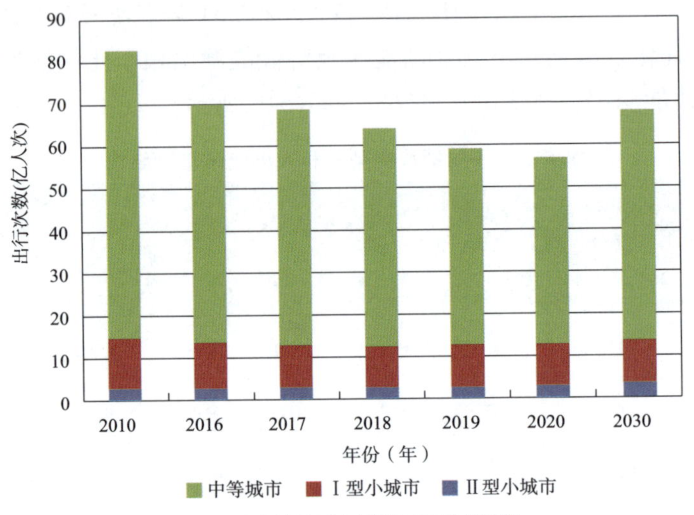

图5-1　基准情景下城市慢行交通出行情况

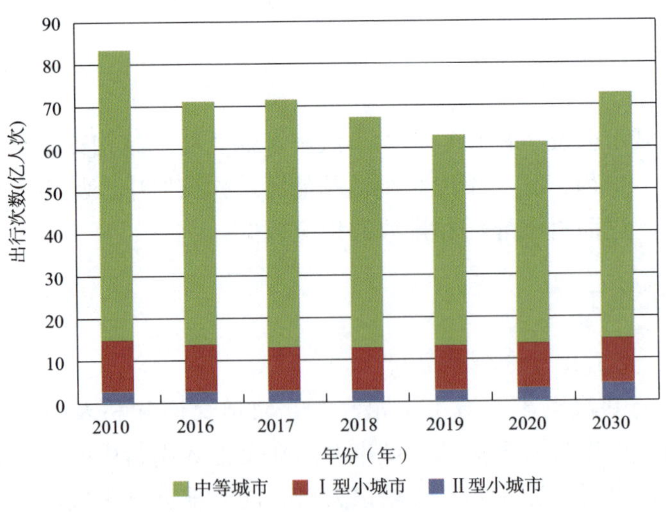

图5-2　低碳情景下城市慢行交通出行情况

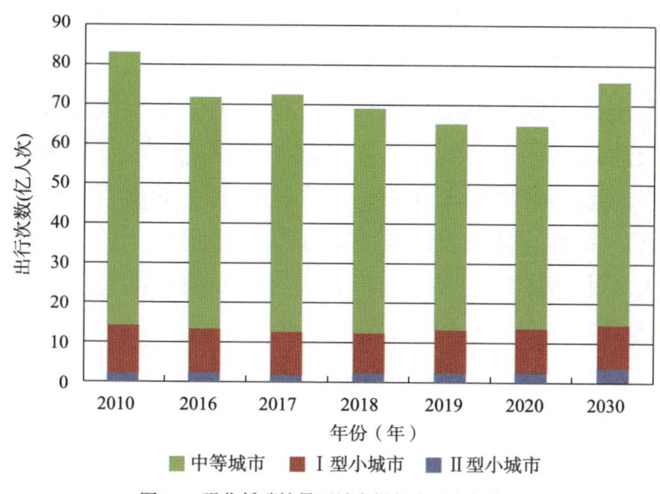

图5-3　强化低碳情景下城市慢行交通出行情况

2.城市公共交通出行分担率预测分析

按照我国地铁建设的规划，城市总人口超过700万人，城区人口在300万人以上的城市才有修建地铁的资格，因此中小城市城市公共交通出行量由公共汽电车组成，中小城市城市公共交通的出行量受到城市慢行交通分担率和公共交通在城市机动化出行中所占比例两个部分的影响。在城市规模较小的城市，慢行交通所占的比例较大，而在城市规模较大的城市，因为城镇人口规模的扩大必将带来城市面积的扩大，因此产生的交通出行距离也将增大，而长距离的出行会使选择慢行交通的比例有所降低，因此慢行交通的分担率也会降低。而在机动化出行中，规模较小的城市，机动化出行中选择公共交通的比例也将越低，因为规模较小的城市公共交通吸引力不强，随着城市交通车辆和设施的建设发展以及提倡公共交通等低碳方式出行的宣传和推广，随着时间的推移，公共交通出行在机动化出行中所占的比例将会越来越高。但是随着城镇化率的不断提升，中小城市人口规模不断增加，因此有部分中等城市和人口增速较快的小城市进入大型城市的行列，在行政区划没有改变的情况下，中小城市总出行人次数量呈现下降的趋势，城市公共汽电车出行分担率预测分析见图5-4～图5-6。

3.出租车出行分担率分析

依照情景分析，在采用不同引导措施的情况下，出租汽车出行所占的比例在三种情景中呈现依次下降的趋势，因为出租汽车出行属于能耗强度、排放强度较高的出行方式，因此趋近于低碳交通的情景，在机动化出行中，选择出租汽车出行的比例越低。此外，在同一情景中，不同规模城市的出租车出行的比例也不尽相同，考虑到中小型城市公共交通服务水平和覆盖面积较低，城市规模较小的城市，选择出租车出行占城市机动化出行的比例较高。相反规模较大的城市因为较为成熟的公共交通线网和较高的公共交通服务，因此吸引了较多的出行客流，城市公交的分担率也较高，出租车在机动化交通中所占的出行分担率因此较低。综合考虑两项因素，Ⅱ型大城市人口既不像小型城市那样少，公共交通发展水平也不像特大、超大城市那样多，因此选择私人小汽车出行的总人数最多，出租车出行分担率分析见图5-7~图5-9。

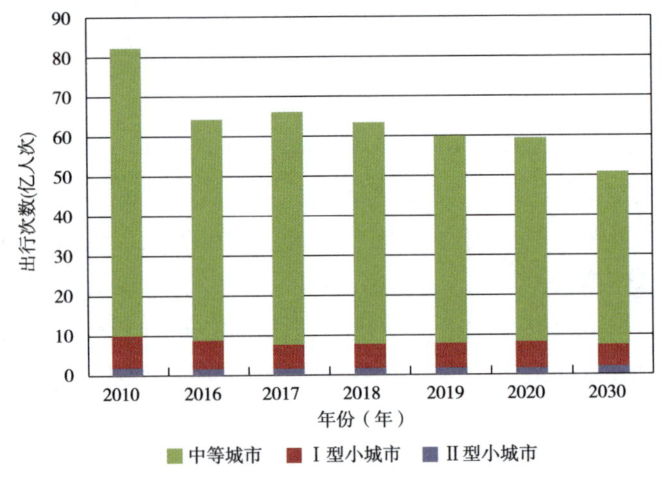

图5-4　基准情景下城市公共汽电车出行情况

图5-5　低碳情景下城市公共汽电车出行情况

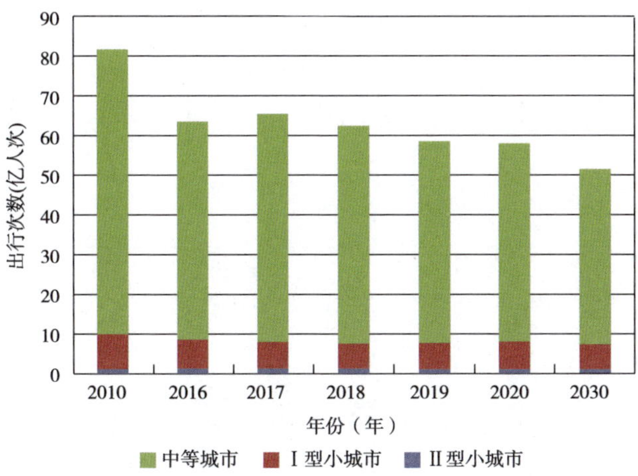

图5-6　强化低碳情景下城市公共汽电车出行情况

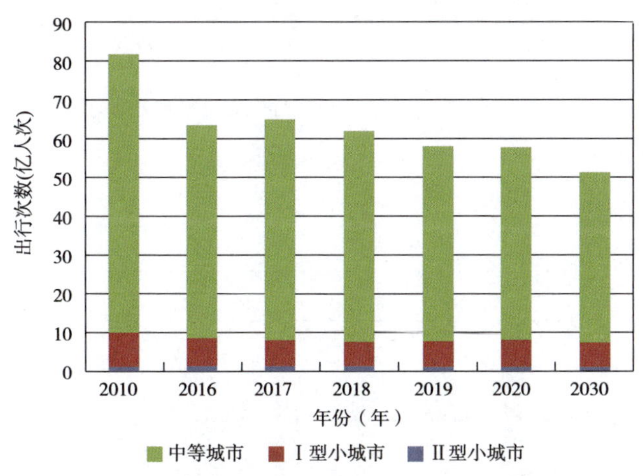

图5-7　基准情景下出租汽车出行情况

4.私人小汽车出行分担率预测分析

依照情景分析，在采用不同引导措施的情况下，私人小汽车出行所占的比例在三种情景中呈现依次下降的趋势。此外，在同一情景中，不同规模城市的私人小汽车出行的比例也不尽相同。考虑中小型城市公共交通服务水平和覆盖面积，城市规模较小的城市，私人小汽车出行占城市机动化出行的比例较高；相反，规模较大的城市因为较为成熟的公共交通线网和较高的公共交通服务，因此吸引了

较多的出行客流，城市公交的分担率也较高，私人小汽车出行分担率因此较低。但是同样因为中小城市人口增长导致数量和人口总数的变化，在行政区划没有明显变化的假设下，中小城市的私人小汽车出行量呈现降低的趋势，如图5-10~图5-12所示。

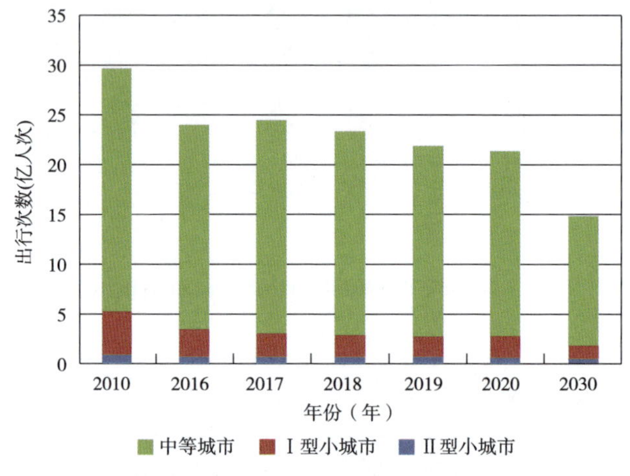

图5-8　低碳情景下出租汽车出行情况

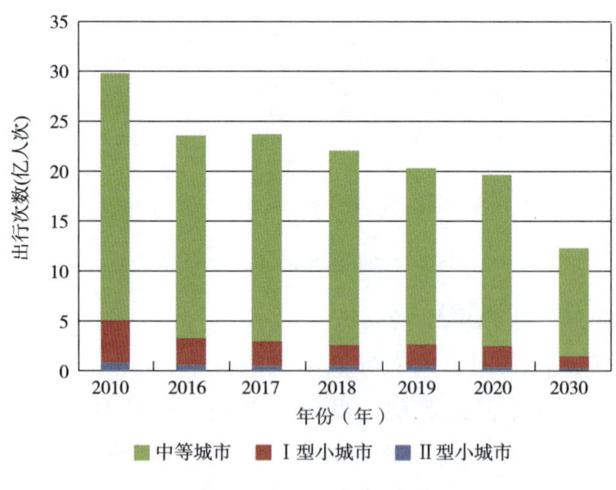

图5-9　强化低碳情景下出租汽车出行情况

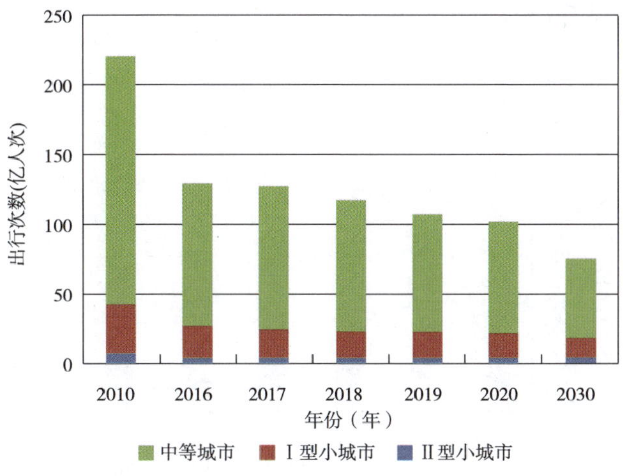

图5-10　基准情景下私人小汽车出行情况

图5-11　低碳情景下私人小汽车出行情况

五、车辆技术

单位油耗：车身轻量化、涡轮增压、缸内直喷等技术随着不同情景对于车辆百公里能耗的减少起到不同程度的作用，其中在基准情景中，因车辆制造和技术提升导致的车辆百公里能耗每年平均可提升0.01%，因节能驾驶导致的车辆百公里能耗每年平均可提升0.01%；在低碳情景中，因车辆制造和技术提升导致的车辆百公里能耗每年平均可提升0.05%，因节能驾驶导致的车辆百公里能耗每年平均可提升0.05%；在强化低碳情景中，因车辆制造和技术提升导致的车辆百公里能耗每年平均可提升1%。

图5-12 强化低碳情景下私人小汽车出行情况

行驶里程：随着小汽车共享和减少小汽车使用的广泛宣传，以及GPS导航技术的广泛应用，有效降低了出租汽车巡游的空驶里程。不同情景对于车辆行驶里程的减少起到不同程度的作用，其中在基准情景中，因车辆信息化技术和小汽车共享等宣传的提升导致的车辆行驶里程降低0.5%，减少出行等宣传的提升导致的车辆行驶里程降低0.5%，在低碳情景中，因车辆信息化技术和小汽车共享等宣传的提升导致的车辆行驶里程降低1%，减少出行等宣传的提升导致的车辆行驶里程降低1%；在强化低碳情景中，因车辆信息化技术和小汽车共享等宣传的提升导致的车辆行驶里程降低1.5%，减少出行分享等宣传的提升导致的车辆行驶里程降低1.5%。

六、基础设施

“十三五”期间，我国将开展大规模的城市基础设施建设，其中城市交通基础设施建设尤为突出。如果能够从基础设施建设的角度增加节能减排的设计引导出行，采用结构性减碳方式将会达到一定的节能减排目的。

慢行交通设施建设：慢行交通是非机动化交通出行方式，不依靠化石燃料燃烧，因此没有二氧化碳排放，通过提供较好的慢行交通设施、自行车快速路等设施的建设，可以有效地改善慢行交通的出行环境，增强安全性、便捷性，保障路权，从而提高居民采用慢行交通出行的积极性。

静态交通设施：静态交通设施一方面可以管理车辆的使用，P+R的交通设施能够使距离城市中心区较远的居民在进入中心城区前换乘公共交通，减少二氧化碳排放；另一方面防止路边停车等不规范的交通行为影响慢行交通权益。

新能源相关基础设施建设：随着新能源车比例的逐渐上升，充电问题会逐渐成为限制新能源车辆使用的瓶颈，进而加大新能源车的推广难度。因此，修建新能源车相关基础设施，例如建设充电桩，能保障新能源车的推广和使用，间接增加新能源车比例。

七、需求管理政策

目前我国居民自发节能减排出行的意识尚未建立，因此利用相关需求管理措施和政策标准，通过经济手段、行政手段，对高能耗机动化出行进行限制，鼓励低碳的出行方式，利用结构性减碳方式达到低碳交通的目的。

施行交通需求管理措施，加快实施差别化停车措施，开展“拥堵污染限行区”试点，实现拥堵、污染等交通问题的综合治理。实施错时上下班，鼓励电子商务、电子办公、视频会议等，鼓励购买低能耗、低排放汽车。有条件的企事业单位、政府部门等实行通勤班车、校车制度。加快研究小汽车的拼车制度。通过引导出行和小汽车的合理使用，实施多种需求管理措施，调节进入中心城区的车流量，尤其是降低通勤出行量，是治理城市交通拥堵行之有效的办法。降低小汽车的排量，提高实载率，减少小汽车的行驶距离，鼓励发展低能耗、低污染的交通方式，加快建立以低碳排放为特征的城市交通体系。

八、消费理念

消费因素的影响主要是指文化理念及相应的生活消费模式对城市客运的能耗与排放起着至关重要的作用。所以，通过媒体、网站、公益活动、培训班等方式，对广大民众进行宣传教育与培训，可以加强城市低碳交通的社会参与程度。利用经济手段，采用低票价的方法可以吸引公共交通出行的比例，提升公共交通出行分担率。政府部门发挥带头示范作用，公务车采购向新能源车辆倾斜，鼓励公交企业购买新能源车辆，鼓励市民购买小排量汽车和电动汽车。提升出行理念，鼓励市民将城市公交作为出行的首选方式。

从出行者角度分析，不同收入、职业、教育程度的群体选择出行方式的考虑因素不一，对于各种出行方式的价格、舒适性水平等特征敏感性也不尽相同。根据相关调查，随着收入增加，影响居民拒绝选择公共交通的主要原因是公交不能满足出行的需要。此外，交通出行的舒适性和私密性因素也是居民对公共交通出行诟病之一。由此可见，公共交通的服务能力和服务水平直接影响其吸引力。因此，通过提升公共交通服务能力和服务水平可以有效地提升公交的分担率。

私人选择机动化出行的意愿程度往往受到经济因素和管制手段影响。停车收费价位、拥堵区收费的程度、限号政策和限购影响程度等因素，是中、低收入群体拒绝选择私人机动化出行的主要因素。因此，通过经济杠杆和约束手段可以起到降低高碳出行的作用。通过“一拉一推”（拉低高碳出行，推动低碳出行）两种方式，可以有效实现促进低碳出行的目的。

第二节　预测结果

一、基准情景

随着城镇化率的提升和出行需求的提升，我国15年以后，中小城市交通能耗和温室气体排放呈现增长的趋势，但与全国交通温室气体排放相比，增速和增幅明显较低。在基准情景中因为采用了新能源、引导措施、新技术及先进的管理手段，增速呈现放缓的态势。在能耗和排放中私人小汽车占比最高，其次是公交车和出租车，新能源汽车因为依靠电能驱动，排放为零。在基准情景下，能耗和二氧化碳排放均未出现峰值，见图5-13和图5-14。

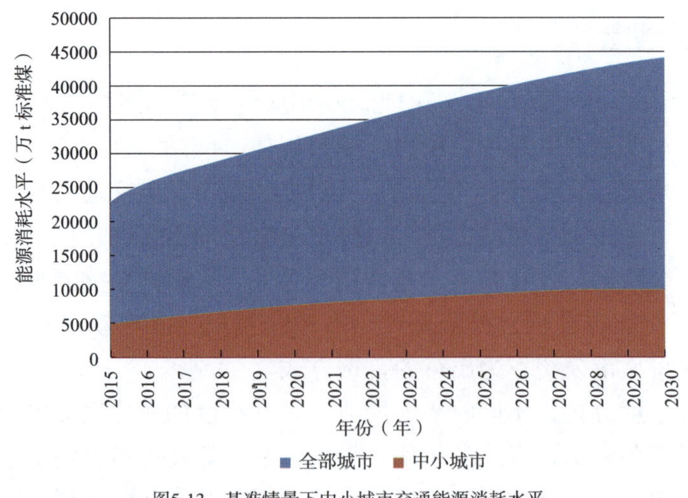

图5-13　基准情景下中小城市交通能源消耗水平

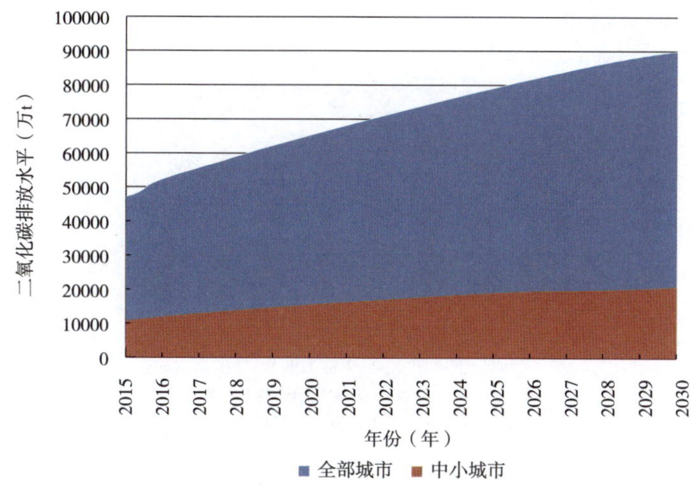

图5-14　基准情景下中小城市交通二氧化碳排放水平

二、低碳情景

随着城镇化率的提升和出行需求的提升，15年以后，中小城市交通能耗和温室气体排放呈现缓慢增长的趋势。因为进一步采用了新能源、引导措施、新技术及先进的管理手段，中小城市增速呈现进一步放缓的态势，与全国城市交通温室气体排放相比占比进一步缩小，一方面因为中小城市节能减排水平提升和体量较小，因而减排效果明显，另一方面，随着中小城市人口的聚集，部分城市晋升为大城市，中小城市数量和出行相对降低。在能耗和排放中私人小汽车占比最高，其次是公交车和出租车，地铁能耗最低，因为依靠电能驱动，排放为零。在低碳情景下，能耗和二氧化碳排放均未出现峰值，见图5-15和图5-16。

三、强化低碳情景

随着城镇化率的提升和出行需求的提升，我国“十三五”及以后几年城市交通能耗和温室气体排放呈现先增长后下降的趋势。中小城市交通二氧化碳排放相对稳定，因为全国城市温室气体排放出现明显的先上升后下降的趋势，因而中小城市交通温室气体排放占比呈现先降低后升高的态势。在能耗和排放中私人小汽车占比最高，其次是公交车和出租车，地铁能耗最低。因为新能源车辆依靠电能驱动，排放为零，因新能源车辆推广导致能耗峰值晚于排放峰值出现，见图5-17和图5-18。

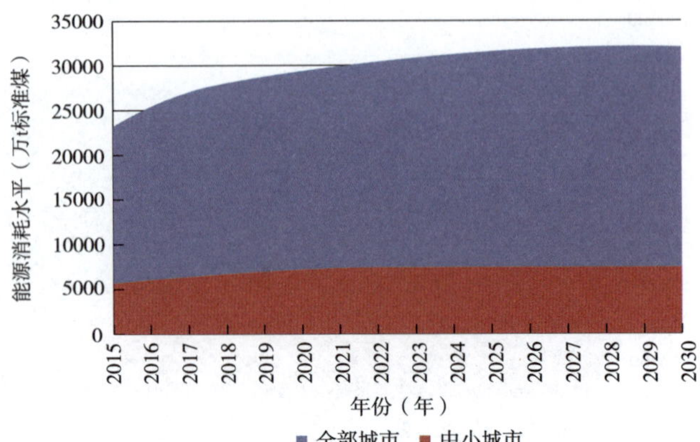

图5-15　低碳情景下中小城市交通能源消耗水平

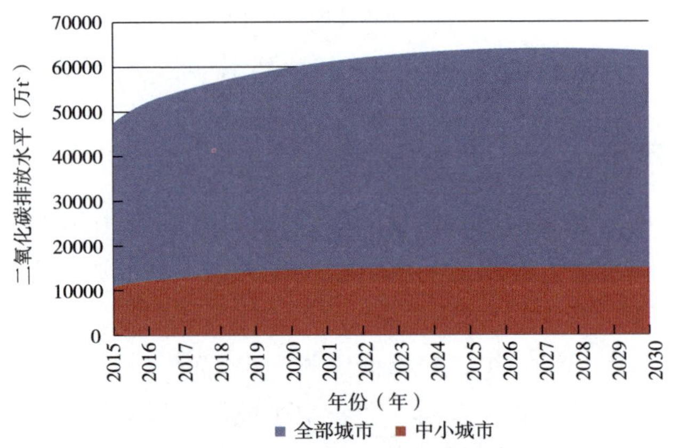

图5-16　低碳情景下中小城市交通二氧化碳排放水平

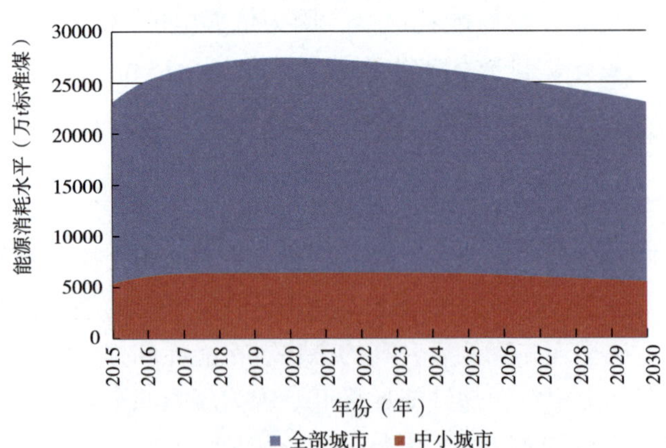

图5-17　强化低碳情景下中小城市交通能源消耗水平

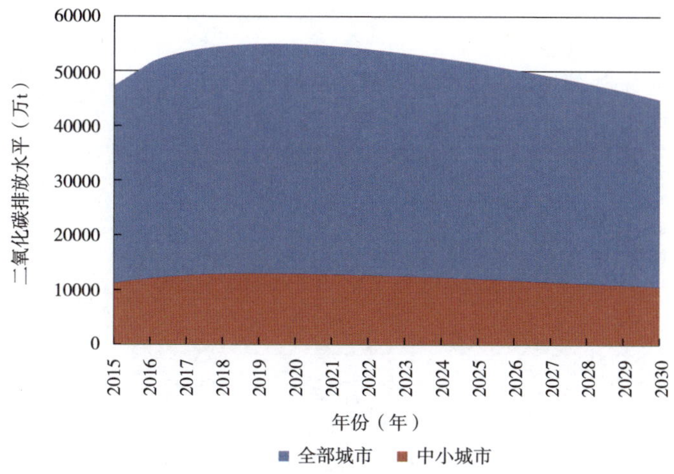

图5-18　强化低碳情景下中小城市交通二氧化碳排放水平

第三节　预测结果分析

在基准、低碳和强化低碳三种发展情景下，城市交通能源消耗和温室气体排放呈现依次下降的态势，其中基准情景能耗和排放最高，低碳情景能耗和排放居中，强化低碳情景能耗和排放最低；仅强化低碳情景的能耗和排放在2030年前出现峰值，基准情景和低碳情景在2030年前没有出现排放和能耗峰值，见图5-19和图5-20。

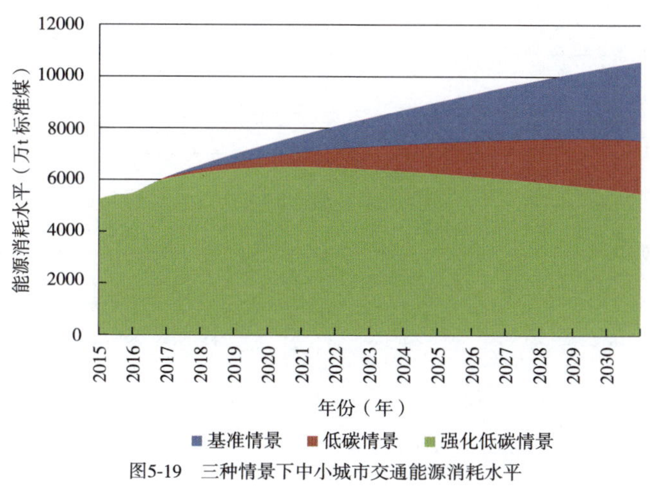

图5-19　三种情景下中小城市交通能源消耗水平

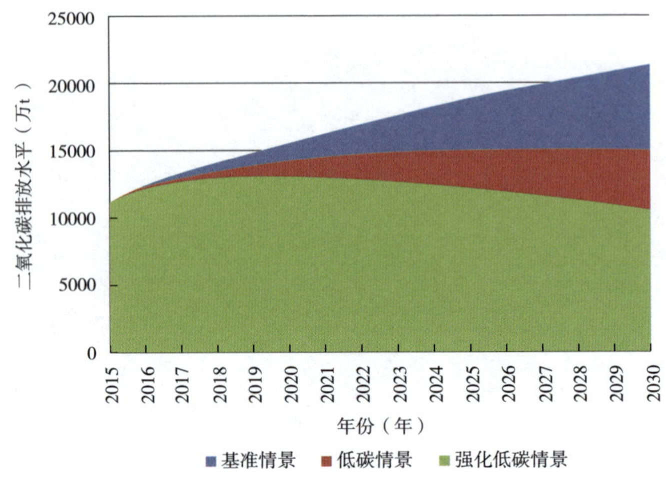

图5-20　三种情景下中小城市交通二氧化碳排放水平

随着城镇化率的提升和出行需求的提升，我国在15年后城市交通能耗和温室气体排放呈现先增长后下降的趋势。在能耗和排放中私人小汽车占比最高，其次是公交车和出租车，地铁能耗最低。因为新能源车辆依靠电能驱动，排放为零，因新能源车辆推广导致能耗峰值晚于排放峰值出现。

从能耗和排放强度分析，随着技术的提升和公共交通的普及，中小城市公共交通的能耗强度呈现下降的态势，基准情景、低碳情景和强化低碳情景呈现降幅依次增强的态势，因为各情景间能源结构变化不明显，因此二氧化碳排放强度与能耗强度趋势相似，见图5-21和图5-22。

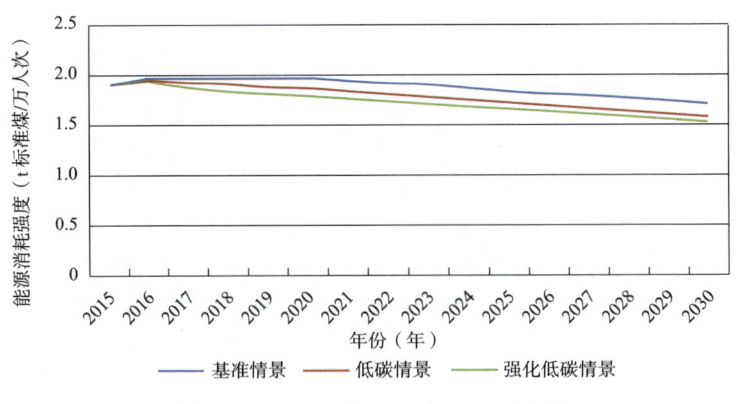

图5-21　三种情景下城市公共汽电车能源消耗强度

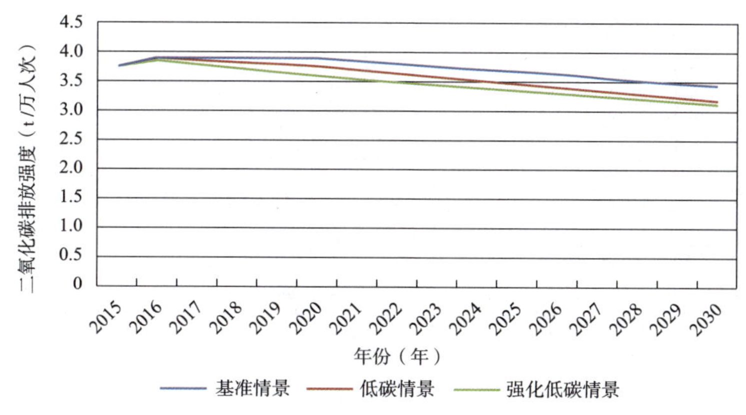

图5-22　三种情景下城市公共汽电车二氧化碳排放强度

在出租汽车方面，基准情景下中小城市出租汽车单位能耗由快速上升到缓慢下降的态势，因为出租汽车服务的水平得到提升，且中小城市出行受宣传的影响转移到公共交通和慢行交通中，相应能耗逐渐提升，但随着相关节能减排技术的出现，增幅有所放缓并逐渐呈现下降趋势。低碳情景中因为节能减排技术比基准情景有所加强，因此虽然初期仍旧呈现上升的趋势，但是与基准情景相比，增幅较缓。在强化低碳情景中，因为节能减排相关技术的进一步推广，中小城市出租汽车排放强度主要呈现下降的趋势，因为能源结构变化不明显，因此二氧化碳排放强度与能耗强度趋势相似，见图5-23和图5-24。

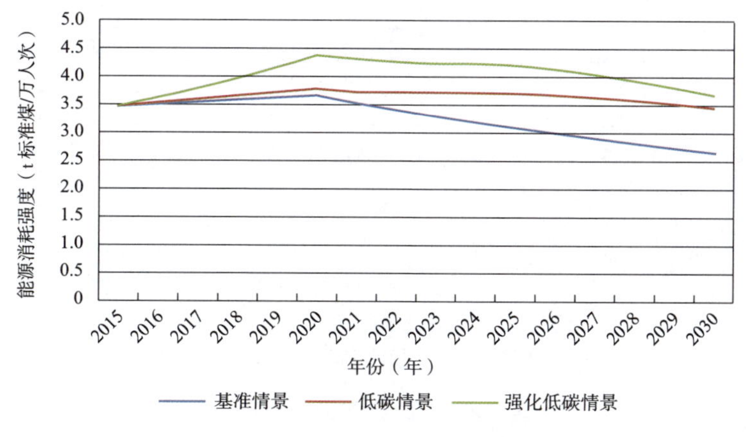

图5-23　三种情景下出租汽车能源消耗强度

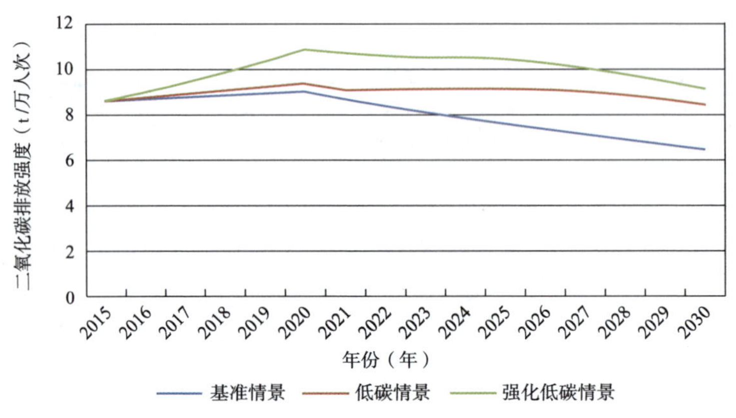

图5-24　三种情景下出租汽车二氧化碳排放强度

在私人小汽车方面，基准情景下，私人小汽车呈现下降的趋势，因为绿色出行的宣传导致私人小汽车出行人数的下降较为明显，因此下降较快；低碳情景下，中小城市私人小汽车排放强度呈现进一步下降的趋势，因为在低碳情景下，私人小汽车节能减排技术得到进一步提升，因此排放强度逐渐下降；在强化低碳情景下，随着减排技术的进一步提升，中小城市私人小汽车排放强度呈现下降的趋势，因为能源结构变化不明显，因此二氧化碳排放强度与能耗强度趋势相似，见图5-25和图5-26。

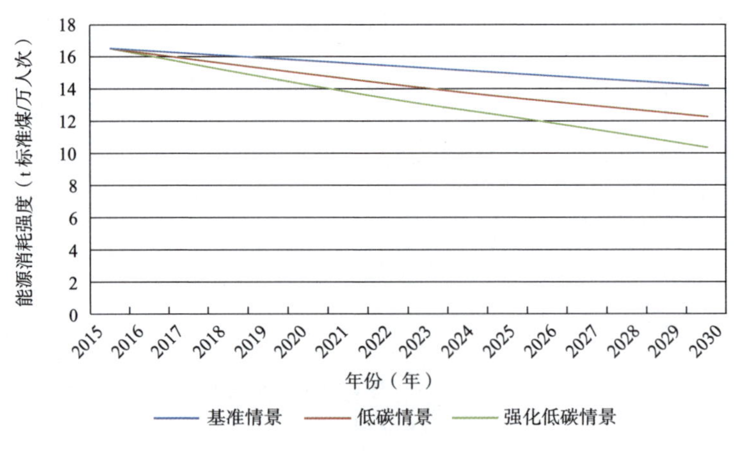

图5-25　三种情景下私人小汽车能源消耗强度

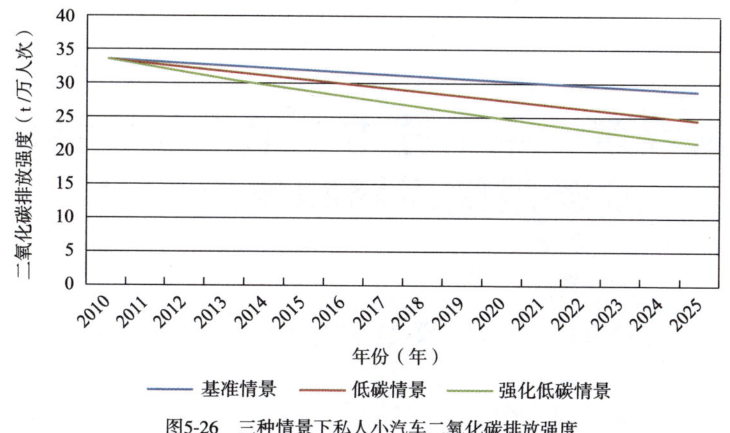

图5-26　三种情景下私人小汽车二氧化碳排放强度

第六章　中小城市交通低碳发展的战略思路和发展对策

第一节　中小城市交通低碳发展愿景

中国政府明确提出未来要“走集约、智能、绿色、低碳的新型城镇化道路”。新型城镇化是建设生态文明、实现社会公平目标的重要平台。中小城市主要交通方式未来将产生以下主要变化：a.机动化出行水平越来越高，小汽车出行比例将会持续上升并在达到高峰值后开始回落；b.慢行出行方式比例将有所下降，并将稳定在一定比例后缓慢回升；c.居民出行距离变大，相应的公交体系将得到很大发展；d.分享经济等新业态的出现对中小城市发展低碳交通方式产生积极影响。未来我国中小城市要避免重走大城市无序扩张的发展路径，建设资源节约型、环境友好型的低碳城市，应当将中小城市交通系统建设成为“定位清晰、长远规划、差异发展”的低碳交通体系。

“定位清晰”是指：中小城市交通系统不应该单纯追求城市规模、市政道路、交通运力等方面的进一步扩张，应结合城市经济、区位、环境、资源等特点，建设与城市功能定位相适应的交通系统。尽管城市发展规模有限，但要统一规划城际、城区和郊区三个部分，有明确的定位、合理的功能匹配，突出交通在城市发展中的作用，提高交通部门的话语权，进一步开发城市交通系统的潜能。

“长远规划”是指：中小城市交通系统要具有一个良好的顶层设计，制订中长期发展规划，明确发展目标、规划重点、实施计划、资源来源等，保障规划的持续性，强调规划的严肃性，建立规划实施的后评估机制，不能擅自调整规划。对于部分的优化调整，应通过建立市政府领导下的、跨部门的工作协调机制。

“差异发展”是指：城市之间在形态、功能、区位、出行习惯、经济发展水平、文明程度等方面存在很大差异。因此，城市交通的模式选择也会存在明显的差异性。不同城市应该根据自己的发展特色、发展实际来选择适合自己的交通模式。

通过上述指导，使中小城市交通成为生态宜居、并具有吸引力的出行系统，这个系统将具备如下特征：a.具有低排放的、具有吸引力的、高运营效率的公共交通系统；b.适宜步行和自行车出行的良好条件及与公共交通系统的良好衔接；c.精心设计的、在一定时间和地点对小汽车使用的管理；d.紧凑/高密度，以人为本，生态、宜居、和谐的城市交通发展格局。

发展条件较好且有积极意愿的城市，可率先开展“零碳公交”城市（新能源公交车辆使用率100%）、“绿色出行”城市（“公交+自行车/步行”出行比例达到90%以上）等示范，甚至还可以开展“共享汽车”示范城市，市民不购买和拥有私家车，小区不设停车位，市民有需求时只能使用“分时租赁汽车”，除公交、出租、分时租赁等和慢行交通（自行车、步行）方式外，其他车辆禁入示范区。

第二节　中小城市低碳交通发展目标

为实现上述发展愿景，结合各类中小城市的主要特点，提出一般性的分类发展目标和指导建议，实现分类指导。

1.人口在20万以下的小城市

重点发展慢行交通系统，改善步行和自行车出行环境。提倡在城区范围内出行主要依靠自行车和步行，建成四通八达的慢行交通网络。结合城市需要适当投入网约自行车。保障城市公共交通的基本供给，提供灵活的公共交通服务。

目标：在有限城市规模下，维持非机动化出行比例稳定发展，通过有效措施限制小汽车的购买与使用。

2.人口在20万~50万之间的小城市

重点发展慢行交通和公共交通相结合的出行模式。5km内鼓励采取慢行交通的出行方式，超过5km的出行提倡“自行车+公共交通+自行车”的出行方式。

目标：短途鼓励非机动化交通出行，长距离出行鼓励公共交通和自行车相结合的绿色出行方式。

3.人口在50万~100万之间的中型城市

重点发展公共交通，以大型公交或BRT、有轨电车作为公共交通主干，社区巴士作为公共交通的枝叶，慢行交通系统作为居民出行的重要补充。

目标：增强公共交通的吸引力，减缓小汽车购买与使用的增长速度。

第三节　中小城市低碳交通发展对策

中国政府明确提出未来要“走集约、智能、绿色、低碳的新型城镇化道路”。中小城市的低碳交通发展将成为中国城市走新型城镇化道路的重要抓手。目前我国在低碳交通发展方面主要采取了公交都市试点、低碳交通体系试点、低碳城市试点等多项政策，各个城市正在逐步落实相应的政策，城市交通正在快速发展。尽管当前我国中小城市普遍具有很高的绿色出行比例，但由于在规划理念、资金投入、技术创新等方面存在很多问题，并没有很好地落实“以人为本”的发展理念，离实现建立现代化的低碳城市交通目标相差甚远，主要的原因还是城市与交通缺少协同发展机制、中央缺乏引导资金、地方公共交通的财政保障相对不足等。中国政府应转变发展观念，突出交通在中小城市发展中的定位，按照“公交引导城市发展、加大低碳出行供给、强化交通需求管理”三项原则，实施“避免、转移、改善、提高”策略，完善相关政策，保障规划落实效果。为此，中央政府需要认真审视中小城市低碳交通发展在中国发展战略绿色转型中的定位、政策与工作重点，高度重视政府跨部门职能与目标的协调与配合，培养建立市场机制，实施分类指导，强化对地方政府城市交通系统建设的监督、考核，具体建议如下。

一、强化顶层设计，健全管理机构，完善管理机制

建议交通运输部向国务院报告出台专门的《国务院关于促进中小城市低碳交通发展的若干意见》，作为《中共中央、国务院关于促进小城镇健康发展的若干意见》的补充，将有关中小城市城镇化中的交通发展问题作针对性的规定。

建议交通运输部组建城市客运管理局。该机构可作为国家统筹促进不同规模类型城市交通健康可持续发展的管理部门，以加强区域交通规划与环境保护、土地利用的协调，强化交通拥堵与空气污染治理、智能公交、慢行交通、静态交通管理等综合性职能。

二、因城施策，明确发展定位，确定合理发展模式

“发展特色县域经济，加快培育中小城市和特色小城镇”是“十三五规划

建议”对中小城市发展提出的要求，对交通的发展要求是“推进交通运输低碳发展，实行公共交通优先，加强轨道交通建设，鼓励实施新能源汽车推广计划，提高电动车产业化水平”。

在加快培育中小城市和特色小城镇的过程中，交通起到基础支撑性和引领性的作用，地方政府要高度重视城市与交通的协调发展，树立公共交通引领城市发展的理念，根据不同中小城市特征和现有交通结构，确定不同城市交通发展模式，积极建立绿色可持续发展交通。大城市周边的中小城市的发展方向是卫星城，根据交通量和交通需求考虑建设与核心城市的轨道交通，积极发展城市内部的公共交通并和轨道交通无缝接驳，推广新能源车辆的应用；有特色资源、区位优势的中小城市，发展方向是专业特色城市，要根据城市的空间布局和专业特色发展需要，发展契合城市特色和区位优势，又引领城市经济、结构健康发展的交通模式，推进交通运输低碳发展，推行公共交通优先发展；远离中心城市的中小城市，其发展方向是要成为服务农村、带动周边的综合性城镇，要积极推行城乡公交一体化优先发展，提倡慢行交通，鼓励自行车绿色出行，推广新能源车的应用，建立绿色可持续发展的交通模式以保护城市的生态环境。

专栏6-1

国际案例—公共交通管理体制与改革

美国：联邦公共交通管理局（FTA)是美国运输部下属的13个职能杠构之一，由约500人组成。FTA的愿景是通过领导工作、技术援助和财政资源，“引导美国实现高品质的公共交通，确保个人的机动性和社区的可居住性”。其管理职能不仅是指导公共交通系统自身建设与运营，还强化了交通需求管理，并确保公共交通发展与空气质量目标的一致性。

欧盟委员台：重组成立流动与交通总司，从平衡社会公平、环境质量和经济发展目标的角度履行其职能。

三、统筹城市总体规划和交通规划，健全规划体系

通过绿色交通引领城市规划和城市发展，增加土地利用的混合性和多样性，综合客运枢纽合理选址，促进住宅和职业场所之间布局平衡，缩短居民出行距离，降低机动车出行需求，增加步行、自行车和公共交通的可达性。按照2016年

《中共中央国务院关于进一步加强城市规划建设管理工作的若干意见》中提出的“窄马路、密路网”城市道路布局理念，研究城市自身特征，建设快速路、主次干路和支路级配合理的道路网系统。通过合理的交通规划减少对外交通对城区的交通干扰，并重视道路微循环的交通疏解作用。

引导建立城市公共交通规划与城市总体规划全过程的协同工作机制，增强城市公交对城市发展的引导作用。加快建立健全多部门共同参与的城市公共交通规划协调和落实机制，以城市公交“一张网”的理念，对城市轨道交通和公共汽电车进行统一规划、统筹建设和运营管理，确保相互衔接、协同服务。

1.建立城市发展和交通发展的新理念

（1）搞好城市布局规划，加强交通与城市空间协同发展。

中小城市的发展速度快，系统稳定性相对较差，城市发展方向受区域环境和区域基础设施的牵动影响明显。对这些区域发展环境因素、城市产业结构变化和人口发展论证分析不足，往往会造成城市用地布局不当，路网规划弹性不够，形成交通瓶颈，影响城市交通正常运转。因此需转变发展理念，在土地利用和城市道路规划阶段，倡导高密度、高紧凑性、土地综合开发的模式，改善出行环境。城市的交通和规划部门紧密协调、加强合作，确定统一目标，强化城市交通的引领地位，并建立城市控规的动态维护机制。

结合城市规模和功能布局，把线网布局、换乘枢纽、公交专用道、场站布局、用地规模和建设计划等作为城市规划的重要内容，并制订相应发展规划。

（2）优化城市道路设计，提高道路交通利用效率。

解决城市交通问题不能局限于道路本身，应将道路两边建筑物规划及地下人防工程纳入道路交通系统内统筹解决。城市道路设计除以车速为依据外，还应以行驶车型为依据，要适应城市小汽车进入家庭的发展趋势，对城市中心区道路一般实行车型管制，限制大车通行，宜结合旧城改造或在新城开发中加大路网密度，适当减少车道宽度和转弯半径。要重视道路交叉口设计，根据道路等级在交叉口100~200m范围内预留一定的车道扩展用地，保证今后交通流量扩大时扩建交叉口，提高路网通行能力。对城市交通主干道交叉口提倡设计右转弯通道，并在道路交叉口边道设拓宽段。道路设计应由以经济为主转向经济性、舒适性与环保并重，提高道路设计基准期等设计等级，增强道路使用寿命。

（3）明确道路功能，完善道路网系统。

要明确城市道路功能，根据道路功能规划完善道路网系统。现大多数城市道路网密度过低，干路支路比例失衡，造成长距离穿越交通，各种快慢交通混杂，城市交通效率低。过低的城市路网密度也使城市公交线路过于集中，公交服务覆盖率低，从而刺激私人机动车保有量和使用量的快速增长。明确城市道路的功能，有利于城市交通组织的正常发挥。加强城市道路网密度，提高人均占有道路面积，解决静态车辆占据道路阻滞交通，减少社会经济损失，改善投资环境，提高社会经济效益。

（4）加强停车和其他交通附属设施的建设和用地保障。

中小城市由于其城市交通强度相对大城市较小，长期以来对停车问题重视程度不够。随着城市的发展，停车问题逐渐对土地使用、商业繁荣产生了制约，必须在总体规划用地布局阶段对停车场通盘考虑，并在分区规划或控制性详细规划及管理中逐步深化落实，同时加强对占路停车场的建设和经营，使其走上良性发展的轨道。要切实加强商场、宾馆、饭店、办公楼、学校、影剧院、车站、体育场、公园等大型公建设施、各类生活区以及广场公园等公共场所的停车场规划并按标准配建。对商务区、居住区内城市道路，可以通过增加两侧机动车车道宽度，提供边道临时停车位；置换人行道至建筑物前设置停车位；利用靠近车行道的人行道树下设临时停车位等措施来缓解城市中心区停车难的问题。

（5）培养城乡交通规划人才。

从调研的中小城市看，从事中小城市总体规划编制的单位多数是原建设部门主管的建设规划设计院，这些单位自己也承认对城市交通规划和管理问题并不在行，因此编制时往往重视程度不够。建议交通运输主管部门开始注重培养城市交通规划人才，组建有相应规划资质的单位。

2.建立城市低碳综合客运枢纽

（1）优化布局结构，功能集约高效。

一是优化枢纽场站选址布局。更新设计理念，场站选址符合城市总体规划要求，与地区产业和城市建设融合发展，鼓励与其他出行方式紧密衔接，发挥交通综合体集约高效的优势。场站选址应优先在城区中，方便市民出行，而不是远离城区。提高场站出入口与周边其他交通方式布局协调性。鼓励货运站场与所在地产业园、产业带布局统筹规划，减少车辆对其他交通方式的影响，缩短换乘时间和加强无缝衔接。二是大力推广新型枢纽场站设计。完善功能流程、集约高效，注重衔接。推广绿色停车场、发车场设计。鼓励建设多式联运型、通用集散型、口岸服务型货运站。集约利用土地，注重场站商业功能，提高场站效益。三是合理布局枢纽场站功能区。紧凑布置客运站停车场与发车场，优化车辆进出站流线。合理布局货运站仓库内部设施要素，集约利用停车场和货物堆场的土地资源。优化内部布局，提高运行效率，满足旅客和用户的需求。

（2）加强环保节能，注重自然和谐。

鼓励采用节能建筑设计。根据需求合理设计建筑外形，减少因建筑体形系数过大产生的能耗浪费，推广使用节能新材料。合理设置外部遮阳设施，保证可开启外窗面积，限制窗墙面积比，增强建筑节能性能。积极应用节能技术和清洁能源。推广使用供配电系统节能技术、LED节能灯具、照明智能控制系统、地源热泵技术、空调智能集中控制系统、搬运设备油改电等新技术与新设备。因地制宜推广太阳能、风能、地热能、天然气等清洁能源应用。大力推行资源循环利用技术，因地制宜设置污水处理循环利用系统、雨水收集系统等。

（3）创新服务模式，推广绿色理念。

探索设置多元化服务模式。结合社会发展与消费升级，推广基于TOD理念的客运站综合开发项目，推广“交邮结合”模式，因地制宜发展旅游客运、租赁服务、班线小件快递等业务。贯彻运营高效服务理念。场站区域内车辆、设备设施运行高效和流程高效，表现为减少车辆进出站和等待时间，提高设施设备的运行效率，向乘客和用户提供高效、便捷的运输服务等。设置加油（气）站和新能源汽车充电桩等设施，提高枢纽场站服务能力，推动场站向功能复合型升级转换。

（4）实施创新驱动，实现科学高效。

一是加强绿色枢纽场站技术研究。大力开展绿色场站关键技术研发，加快研究场站能源高效利用及节能减排技术，开展绿色枢纽场站国际技术合作与交流，助力绿色枢纽场站发展。二是大力推进信息化系统建设。实现弱电智能化、WIFI全覆盖、旅客和用户手机与场站信息互通共享。基于“互联网+”理念，加快云计算、大数据等现代信息技术应用，推广客运站联网售票系统、车辆调度指挥系统等，逐步提升客运站运营管理智能化水平。货运站推广物流信息平台，电子标签及RFID、EDI、GIS、GPS、物联网技术等信息技术。三是积极推广旅客联程联运、货物多式联运业务。客运站应结合其他运输方式大力推广旅客联程联运、接驳运输等业务，推行一票到底、无缝衔接、全程服务的新型客运服务。货运站应积极引入其他运输方式与道路货物运输衔接，鼓励开展滚装运输、驼背运输等多式联运业务，发挥多式联运节能高效的优势。

3.科学编制城市公交发展规划，健全公交发展体制

科学规划城市公共交通发展对于优化城市交通系统结构与功能、促进城市土地利用与交通的协调发展、整合城市功能、提升城市品位和整体形象具有重大作用。新加坡、中国香港等国际性公交都市普遍将“科学编制公交规划”作为城市公共交通发展的先导和基石。各地方要高度重视城市公共交通规划的编制和实施，紧密结合城市经济社会发展和居民出行特点，科学谋划公共交通发展与城市功能布局，确立公共交通在城市交通系统中的主体地位，推动建立“密度较高、功能混用和公交导向”的城市发展模式。要注重规划建设城市快速机动化通勤网络、自行车和步行等非机动化出行网络及城市物流配送网络，实现城市交通方式的快慢协调、客货并举。要确保城市公共交通规划与城市总体规划、控制性详细规划等规划的协调和衔接，促进城市交通与城市总体发展的良性互动、协调发展。要加强规划实施过程的监管，建立规划落实责任评估机制，加强规划修编的监督检查，确保规划执行到位。

按照“公共交通引导城市发展”的理念，在城市总体规划和城市综合交通规划的指引下，科学制定“城市公共交通发展规划”和“公共交通系统专项规划”，健全城市公共交通规划体系。“城市公共交通发展规划”作为“公共交通系统专项规划”的上层规划，统筹提出大城乡公交体系功能分工和整体的发展方案，强化各子系统规划之间的衔接。“公共交通系统专项规划”包含城市轨道交通、城市快速公交、常规公交等专项发展规划，以及线网结构优化、场站布局、专用道布局、换乘枢纽体系构建、节能减排等专项规划。应遵循各专项规划服从公共交通总体发展规划的原则，确保其在总体要求上指向一致、空间配置上相互协调、时序安排上科学有序，加快推进大公交体系规划的“时空叠合”工作，进一步推动大公交体系中各专项规划的有机融合，确保大公交体系规划“一张图”。

4.建立公交规划协调落实机制

城市公共交通规划确定的基础设施建设方案应在城市控制性详细规划和近期建设规划中予以落实，建立城市交通运输、发展改革、住建、公安、财政、国土、规划等部门共同参与的城市公共交通规划协调落实机制，制订规划实施路线

图，把规划确定的各项任务具体化，制定城市公共交通规划年度实施计划、财政预算计划、各类行动计划。对规划确定的发展目标、重点任务和政策措施进行分解，明确牵头部门和工作责任，并将规划的执行情况作为对各部门、开发区、区县绩效考核的重要内容。

5.严格落实公交设施建设“五同步”

建设工程按标准要求配套公交设施，并与主体工程同步报批、同步设计、同步建设、同步竣工、同步交付使用。城市轨道交通等项目规划设计时应优先考虑常规公交换乘场站，并与城市轨道交通设施实现同步建设。发改、规划、国土、住建、交通等部门要加强审批核查，配建公交设施未经竣工验收合格的建设工程不得投入使用。

6.建立城市控规动态维护机制

虽然根据社会经济的发展、政治形势的变化对控规进行动态完善是必要的，控规变更的存在也是必然的，但是并不意味着控规是可以随意变更的，应保证控规变更的规范化和法定性，以“依法行政、统一标准、规范程序、公开政务”为原则建立完善城市控规的动态维护机制。

依法行政：以现行法规、规定为依据进行控规动态维护工作，保证控规变更在法制的机制和环境下进行，保证控规变更的合法性。

统一标准：研究制定中心城区控规管理办法、实施细则和案例汇编，统一控规动态维护工作的标准。

规范程序：建立完善城市控规动态维护集体审查制度，对公交设施用地发生变更时，应充分征求交通部门意见，对交通部门的意见逐条回复，对不采纳的意见应该有原因说明，作为问责的重要依据。

公开政务：对控规变更项目定期召开专家综合审查会和公众听证会等。

四、立足长远，推行综合开发，加快公交优先发展

在中型城市中，应大力发展公共交通，建立城乡一体的公共交通体系。在城市规划调控、基础设施建设、公共交通用地综合开发等方面，加大政策投入、拓宽投资渠道；在保障公共交通路权优先以及完善公共交通长效发展机制等方面提出具体的政策要求。

1.加快公交基础设施建设

一是完善公交基础设施服务网络。推动将城市公共交通枢纽场站（含换乘

枢纽、调度中心、停车场、维修场、首末站、停靠站、候车亭等）以及配套服务设施（含步行道、自行车道、公共停车场等）建设，纳入城市旧城改造和新城建设规划，同步实施。积极协调落实公交枢纽场站建设用地，加快公交枢纽场站建设，方便运营调度和公众乘车，提高公共汽（电）车进场率。

二是完善公交基础设施投资政策。坚持以各级地方政府为主的原则，加大对公交基础设施的投资力度。对纳入城市公共交通规划范围内的基础设施，城市交通运输主管部门应列入投资建设计划。积极拓宽融资渠道，吸引社会资金参与城市公共交通基础设施建设和运营。

三是加强公交基础设施运营管理。健全管理制度，加大监管力度，维护运营秩序，保障运营安全。加强对公共交通枢纽场站及其配套设施的日常养护管理，保持公共交通枢纽场站使用权的稳定，保障正常运营。加强对运营管理人员的职业培训，提升管理效能和服务能力。

2.加快推行土地综合开发政策

加强与国土、住建、财政等有关部门的沟通与协调，研究制定落实公共交通用地综合开发的指导性文件。鼓励各地对新建公共交通设施用地的地上地下空间按照市场化原则实施土地综合开发，对现有公共交通设施，在保障公共交通运营需求的前提下，提高容积率、进行立体开发，并将综合开发的收益专项用于城市公共交通基础设施建设和弥补企业运营亏损。

专栏6-2

香港“地铁+物业”的土地综合开发模式

香港政府在地铁场站上或周围划出一定面积的土地，协议出让给地铁公司，与地铁场站同步规划、设计与实施。地铁公司按未建设地铁时的市场估价向政府缴纳地租，并公开招标确定房地产的合作开发商。在1975—1986年建设的3条地铁线上，香港地铁公司开发了18处房地产，收益约14亿港元，约占地铁建设总成本的16%。

细化城市公交用地综合开发政策，制定城市公共交通用地综合开发规范，建立协调机制，优先满足和节约集约利用城市公交用地。推动城市公共交通枢纽周边和城市轨道交通、快速公共交通系统等城市公共交通走廊沿线土地的综合开发利用，促进城市公共交通与周边区域协同发展，并集约节约利用土地，提高公共交通用地的使用效率。

建立健全城市公共交通用地综合开发增值效益反哺机制。加强对公共交通用地综合开发项目收益的监管，保障公共交通用地综合开发收益用于公共交通基础设施建设和弥补运营亏损，促进公共交通的发展可持续。

专栏6-3

深圳、广州、南宁等土地综合开发模式实践

深圳市积极探索土地综合开发利用模式。早在2004年，深圳地铁4号线协议就规定：4号线沿线划定的约80公顷土地不走招拍挂程序，港铁公司在7年时间内分批分期按照当年地价的一定折扣，向国土部门缴纳地价款获得土地，再通过招标以多种合伙形式确定有实力的合作开发商开发各地块。开发完成后，由港铁公司负责售出或出租物业的经营管理。此后，随着土地出让制度日益严格，深圳在招标公告里规定参与轨道交通沿线开发竞投企业的资格，企业要具有地铁线路及其附属设施建设运营管理及相关土地利用的范围，并拥有建设一条以上（含一条）地铁线路的经验。在此招标条件下，2011年8月18日，港铁两家全资子公司——港铁轨道交通（深圳）有限公司和港铁物业（深圳）有限公司通过挂牌方式竞得龙华车辆段上盖物业开发一期土地使用权。从2012年底开始，深圳市政府再次做出重大土地出让的创新和制度改革，即把土地作为一种资产，直接注入地铁企业，变招拍挂为直接协议出让，从而保证地铁沿线商业综合开发的顺利进行。

广州市政府把地铁控制区内外的国有土地以及市政府批准的专项地铁建设规划的国有土地，建立地铁工程沿线土地收益资金专户，降低了政府无偿投入资金的比例，通过在建设方面提供施工配合、在运营方面提供票务支持、在开发方面提供配套服务等方式，引导与地铁利益相关的行业、社会力量及资源参与地铁物业联合开发，对行业资源进行整合；应用地铁独特的票务资源对相关的商业、教育、旅游等各类社会资源进行整合和嫁接，为市民提供优质综合服务，实现资源开发的最大经营效益，避免同质化竞争。

南京市利用轨道交通专项基金和政策给予的配套土地，实施地铁内资源和上盖物业捆绑式开发，利用多种融资手段，实施滞后偿付，用土地变现、地产开发、上盖开发、上盖物业经营、地铁资源经营、地铁主营票务和地铁

关联产业经营等7个方面的收益，形成明显的投入产出能力和强劲的还本付息机制。

3.保障公共交通路权优先

优化公共交通线路和站点设置，逐步提高覆盖率、准点率和运行速度，改善公共交通通达性和便捷性。增加公共交通优先车道，扩大信号优先范围，逐步形成公共交通优先通行网络。集约利用城市道路资源，允许机场巴士、校车、班车使用公共交通优先车道。增加公共交通优先通行管理设施投入，加强公共交通优先车道的监控和管理，在拥堵区域和路段取消占道停车，充分利用科技手段，加大对交通违法行为的执法力度。

加快建设公交专用道网络。建设大容量快速公交新线，完善既有大容量快速公交线路的道路设施条件，实现与其他车辆的物理隔离。完善公交专用道管理。配套建设公交优先信号控制系统和监控系统，保障公交专用道上车辆优先通行，加大对违法驶入公交专用道车辆的查处力度。允许校车等在公交专用道通行。

根据本地区城市的道路特点、交通流动规律以及车辆特性，优化交通信号设置，科学合理地设置城市公共交通车辆优先通行信号管理系统，减少城市公共交通车辆在道路交叉口的停留时间。

同步规划建设公交专用道和优先信号系统，并建立公共交通专用道路和优先通行信号的监控系统，对占用、干扰城市公共交通正常运行的非城市公共交通车辆要严格执法，保证城市公共交通专用道的专用和信号优先通行，提高城市公共交通车辆的运行速度和准点率。要加强公交专用道宣传和驾驶员的教育，增强交通参与者各行其道的意识。

4.加强新能源公交车辆应用推广

以发展“零碳公交”为目标，完善纯电动公交车辆推广应用的政策、标准体系，加大政策扶持力度，增加电池的续驶里程，提升电池安全技术，保障新能源公交车辆的正常运营。

（1）进一步优化新能源公交车推广的政策环境。

一是，进一步完善交通运输行业新能源汽车运营补贴政策，引导技术性能好、可靠性高的新能源公交车辆，加快推广应用，推动有关部门进一步提升新能源汽车的品质，研发适合交通运输行业发展实际的新能源汽车产品。二是生产厂家能够以交通运输企业的用户需求为中心，进一步加大生产研发力度，提高车辆的技术性能，切实消除用户的后顾之忧。加强密切跟踪有关车辆运营安全各方面的状况，建立临时性的准入机制，同时加快建立行业准入标准，实现从源头控制。三是加快构建政产学研用协作机制，吸引国内外相关机构参与，推进相关政策技术研究。

（2）强化新能源公交车辆运营监控和管理。

针对新能源公交车辆运行的安全问题和技术问题等，应密切关注交通运输行业在用新能源公交车辆的运营状况。加快建设国家级、地市级新能源公交车运营监管信息平台，统一数据交换规范，强化车辆安全监控，并实现优化运营补贴管理。已经跟有关协会、科研院所建立定期监测发布交通运输行业在用新能源汽车运营情况报告，对一些主流厂家的使用状况、对一些相关出现产品的问题发布，也作为我们交通运输企业选择新能源公交车辆的重要参考。

（3）推进新能源公交车相关认证工作。

从安全、性能、节能、低碳等角度，充分考虑纯电动公交车辆的使用特点，建议开展针对终端产品、系统以及企业的相关认证工作，促进加快建立纯电动公交车辆的“领跑者”机制，引导和支持纯电动公交行业的健康发展。

5.完善公共交通长效发展机制

一是深化公交企业改革。按照“规模经营、适度竞争”原则，适度整合城市公交经营主体。充分发挥市场机制作用，提高城市公交服务效率和能力。

二是深化城市公交运行机制改革。建立政府购买城市公交服务的制度，综合考虑社会可承受能力、公共财政能力、城市公交运营成本、企业可持续发展等因素，建立完善城市公交成本票价制度和票价动态调节机制。加快落实公共交通用地综合开发政策，积极推动相关部门出台城市公交土地综合利用政策，节约集约利用城市公交用地，加强综合开发利用。

三是完善城市公交人才培养机制。建立平等公开和竞争择优的制度环境，加强城市公交管理队伍和规划设计专业队伍的建设与培养。加强公共交通从业人员职业教育，拓宽培养途径，在职业院校、技工学校等建立城市公交驾驶员、城市轨道交通从业人员订单式培养机制，适应城市公交发展的需要。

四是鼓励中小城市公交多元化发展，发展常规公交、定制公交、社区公交等。鼓励“互联网+”应用，根据出行需求情况设定车辆类型、线路、排班，既可提升出行效率，又减少了空车行驶里程。

五、完善设施，制定标准，加快慢行交通体系建设

在广大中小城市中，强调建立城市“步行/自行车+公交”为主导的城市交通体系的发展目标。结合城市自身特点，重点发展步行或自行车交通，建立适宜步行和自行车出行的良好环境和条件，注重步行和自行车交通与公共交通系统之间的良好衔接。

贯彻落实国家住建部、发展改革委、财政部联合发布的《关于加强城市步行和自行车交通系统建设的指导意见》（建城〔2012〕133号），充分认识城市步行和自行车交通的重要性，强化中小城市的规划先导和调控作用，加快基础设施建设，保障步行和自行车的基本路权，加大政策支持力度，加强宣传和监督管理。

科学制定城市总体规划和城市综合交通体系规划，在城市功能分区、用地布局和路网密度等方面充分考虑自行车交通系统建设，在道路交通系统规划中确定自行车交通系统网络布局和道路设施规划指标；科学编制步行和自行车交通系统规划、非机动车停放管理规划，并与城市轨道交通、公共交通、停车设施等专项规划相衔接，同时将自行车配套设施纳入城市基础设施建设规划。

完善城市自行车道和人行道系统，构建多层次自行车道网络，加强构建联通大型住区、公建、学校的自行车优先通行网络。改善步行与自行车出行环境，恢复路权，路外停车位充裕的区域取缔路内占道停车位，重要自行车廊道与步行绿道取缔占道停车位，优先整治严重影响步行与骑行安全的占道停车；尽量使用实体隔离对机动车出行和非机动车出行进行分离。

保护城市步行与自行车健身空间，打造活力公共空间提升吸引力。保护行人与骑车人的过街安全，优化城市过街设施布局与信号设计，及时治理事故高发路段。识别步行与自行车出行潜力区域，进行重点优先改造。主要包括用地混合度高、强度大、空间紧凑的区域，服务设施丰富、日常生活出行距离较短的区域等。

在中型城市中，改善自行车停车环境，优先建设公共交通站点周边的自行车停车场，将自行车出行作为公共交通的有力补充，满足自行车接驳人群的自行车停车需求。

鼓励和规范发展互联网租赁自行车（俗称“共享单车”）。贯彻落实交通运输部、中央宣传部等10部门联合发布的《关于鼓励和规范互联网租赁自行车发展

的指导意见》，出台地方的管理办法和管理规定，明确政府和企业各方职责，规范停车区和押金管理，宣传和倡导文明共享骑行。建立城市互联网租赁自行车运营监控平台。完善互联网租赁自行车的标准规范体系，研究制订《互联网租赁自行车运营服务规范》，提升互联网租赁自行车运营服务的规范性。

有条件的中小城市，出台相关政策，鼓励发展“有桩的城市公共自行车”，实现与网约自行车的融合发展。

六、因地制宜，综合施策，引导交通需求管理措施

通过实施差异化停车政策、设立低排放区等多种交通需求管理手段，在相对公平的基础上逐步引导小汽车的拥有和使用，并不断实施严格的使用管理，将城市交通发展的优先权给予清洁、安全、健康的绿色出行方式。对网约出租车、网约共享单车等新业态，提出创新型的管理模式。

对城市交通停车供需不平衡的区域实行差异化停车政策，对供需缺口较大区域（如城市中心区、商圈、办公区等），合理缩减小汽车停车泊位、限制停车用地的供应，提高小汽车停车收费标准；对停车供需缺口小的区域（如城市外围、开发区等），合理增加停车泊位，提供充足的停车用地，实行较低的停车收费标准。同一区域停车设施，按照“路内高于路外、拥堵时段高于空闲时段”的原则，制定差别化收费标准。鼓励推行超过一定停放时间累进式加价的阶梯式收费，对短时停车实行收费优惠，并纳入政府定价范围。

探索建设城市“低排放区”，研究推进“低排放区”机动车区域准入制度，在市中心科学划定区域禁止高排放的机动车辆进入，只允许公共交通、自行车、步行等低排放的交通方式进入，以有效减少机动车排放污染和缓解区域交通拥堵，保证区域空气质量。

网约出租车能及时对乘客出行需求做出自动调整，通过分享闲置小汽车资源，有利于减少私人小汽车增量，有效减少车辆长时间空驶，减少对道路资源的无效占用，从而缓解道路拥堵，降低污染排放。推进传统出组车行业改革，适度发展网约出租车，促进传统出租车与网约出租车错位发展和差异化经营。政府应当平衡两者利益关系，一方面要改革经营权管理制度、规范承包经营方式；另一方面利用互联网技术构建风险共担、利益共享的新经营模式。同时，研究出台网约出租车经营服务管理办法，严格把关网约出租车平台、车辆和驾驶员的运营准入资格，加强对网约出租车事中事后运营监管和社会信用评价，明确政府与平台

的职责，共同维护网约出租车健康发展。

七、分类全面，规模实践，组织实施全国示范工程

组织实施《中小城市低碳交通示范工程》，选择不同类型（不同发展模式）中小城市开展示范试点的实践活动，全面、分类总结，加强经验交流和宣传推广，指导中小城市建立现代低碳交通系统。

在中型城市开展城市“低排放区”试点，研究推进“低排放区”机动车区域准入制度，在市中心科学划定区域禁止高排放的机动车辆进入，只允许公共交通、自行车、步行等低排放的交通方式进入，实现鼓励绿色出行目的，以有效减少机动车排放污染和缓解区域交通拥堵，保证区域空气质量。

结合生态环境部开展的“建设50个近零碳排放区示范工程”，具备条件的中小城市应积极争取，推进“零排放交通”建设。

参考文献

［1］中国城市经济学会中小城市经济发展委员会，等. 中国中小城市发展报告（2017）［R］. 北京：社会科学文献出版社，2017.

［2］朱默. 浅谈我国城市发展过程中存在的问题及原因分析［J］. 学理论，2013（25）:132-134.

［3］李凤，毕艳红. 中小城市交通发展之路［M］. 北京：人民交通出版社股份有限公司，2014.

［4］中国统计局. 2015年、2016年、2018年中国统计年鉴.

［5］住房和城乡建设部. 2017年城乡建设统计年鉴.

［6］张益邦. 中小城市交通综合治理能力与提升方法［R］. 2018年中国城市交通规划年会论文集，2018.

［7］陈小鸿. 中小城市交通特征与治理重点［R］. 2018年中国城市交通规划年会论文集，2018.

［8］李丽华. 我国中小城市的绿色交通发展对策研究［D］. 天津大学，2015.

［9］欧阳斌，郭杰，李忠奎，等. 中国交通运输低碳发展的战略构想［J］. 中国人口·资源与环境，2014，v. 24；No. 171（s3）:1-4.

［10］羊芸. 中小城市绿色交通系统规划研究［D］. 西南交通大学，2012.

［11］戴维. 本尼斯特. 走出不可持续的交通困境——新世纪的城市交通［M］. 北京：中国建筑工业出版社，2018.

［12］王文静. 生态文明背景下中小城市绿色交通规划研究［J］. 建设科技，2014（2）:65-67.

［13］冯启达. 中小城市交通管理新思路［J］. 中外公路. 2012.

［14］张楠，马骁健. 面向紧凑城市的交通规划理论与方法研究［J］. 房地产导刊，2014（17）.

［15］郑婧，陈可石. 德国弗莱堡绿色交通规划与策略研究［J］. 现代城市研究，2014（5）:109-115.

［16］吴唯佳. 德国弗莱堡的城市生态环境保护［J］. 国外城市规划，1999（2）: 31-33，43.

［17］王伟淇，卢毅，加年丰，等. 发达国家低碳交通政策及其启示［J］. 交通企业管理，2013，28（12）:69-71.

［18］Ryan · Sherry，Throgmorton · JamesA. Sustainable transportation and land development on the periphery:acase study of Freiburg，Germany and Chula Vista，California［J］. Transportation Research. PartD: Transport and Environment. 2003，8（1）:37-52.

［19］Buehler · Ralph，PucherJohn. Sustainable Transportin Freiburg: Lessons from Germany's Environmental Capital［J］. International Journal of Sustainable Transportation，2011，5（1）:43-70.

［20］Pucher · John，Kurth，Stefan. Making Transit Irresistible: Lessons from Europe［J］. Transportation Quarterly，1995，49（1）:117-128.

［21］Pucher · John，Clorer · Steffen. Taming the Automobile in Germany［J］. Transportation Quarterly，1992，46（3）:383.

［22］Maria B（o）rjesson，Jonas Eliasson. 斯德哥尔摩的拥挤收费政策［J］. 城市交通，第2期，2012，3.

［23］张弛，袁菁. 浅析城市交通对城市经济发展的影响［J］. 城市建设理论研究，电子版，2013（17）.

［24］段里仁，毛力增. 实现低碳交通的基本理念与案例分析［J］. 综合运输，2013（7）:62-68.

［25］王光荣. 零碳交通:促进城市低碳交通发展的新趋势［J］. 综合运输，2012，06.

［26］李振宇，高平.日本城市交通发展的经验与启示［J］. 建设科技，2009（17）:42-43.

［27］2017年枣庄市国民经济和社会发展统计公报。http://www. zaozhuang. gov. cn/art/2018/3/8/art_134_51231. html

［28］2017年济源市国民经济和社会发展统计公报。http://www. ha. stats. gov. cn/sitesources/hntj/page_pc/tjfw/tjgb/sxsgb/articleadd2ec4b68064c8eb86ce86c50365a49. html

［29］2017年海宁市国民经济和社会发展统计公报。http://tieba. baidu. com/

p/5573202023
[30] 2017年上饶市国民经济和社会发展统计公报。http://www. srtj. gov. cn/tjnr. asp?id=31802
[31] 荣成市交通运输局. 荣成市城乡一体化发展研究 [R]. 2017.
[32] 海宁市交通运输局. 海宁市综合交通运输“十三五”发展规划 [R]. 2016.
[33] 韦欣. 中等城市绿色慢行交通系统规划与设计探究 [J]. 报刊荟萃:下，2018 (1) :9-9.
[34] 张玉茹，宋志华，张企华. 小城市“公交优先”策略探讨 [J]. 科技信息，2008 (14) :225-225.
[35] 孟祥峰. 基于绿色交通理论的中小城市“公交+慢行”系统优化研究——以莱芜市中心城区为例 [D]. 山东建筑大学，2014.
[36] 云美萍，杨晓光，李盛. 慢行交通系统规划简述 [J]. 城市交通，2009，7 (2) :57-59.
[37] 王锋. 绿色交通理念下的非机动化发展对策 [J]. 科技信息，2009 (31) : 510-513.
[38] 冯浚，徐康明. 哥本哈根TOD模式研究 [J]. 城市交通，2006，4 (2) :41-46.
[39] 江玉林，韩笋生，彭唬，等. 公共交通引导城市发展 [M]. 北京：人民交通出版社，2009.
[40] 陆化普. 城市可持续交通理论与中国实践 [M]. 北京：中国铁道出版社. 2008.
[41] 牛文元. 2012中国新型城市化报告 [M]. 北京：科学出版社，2012.
[42] 刘兰辉，王正. 我国中小城市交通特征分析及交通规划——以中小城市槐镇和温州乐清市为例 [J]. 城市交通，2004，2 (1) : 21-24.
[43] 江雪峰. 我国中小城市客运交通系统发展模式研究 [D]. 东南大学，2007.
[44] 宋墨. 中小城市合理交通出行结构研究 [D]. 哈尔滨工业大学，2013.
[45] Pucher John，Buehler Ralph. Cycling for Everyone: Lessons from Europe：87th TRB Annual Meeting [C/CD]. Washington: TRB，2008.
[46] Shigeru Morichi. Update on Japanese Transport Policy：Urban Sustainability Conference [C]. Berlin：Urban Sustainability Conference，2007.
[47] 石飞，王炜，陆建. 中小城市公共交通发展模式研究 [J]. 规划师，

2004，（6）：76-77.

[48] 张敏峰，黄春松. 中小城市的公共交通问题及发展战略——以漳州市为例［J］. 城市问题，2010，（3）：49-52.

[49] 张涛. 中小城市居民出行特征分析及交通发展对策研究［J］. 交通科技，2005（3）：89-91.

[50] 黎三平. 湖北省中小城市交通管理规划关键技术的研究［D］. 武汉：华中科技大学硕士学位论文，2005.

[51] 韩宝睿，杨涛，夏国华. 中小城市的公共交通规划研究——以高邮市为例［J］. 森林工程，2011，27（2）：80-83.

[52] 邹继贤，马娟，谢艳芳. 汉中市居民出行特征分析及对策研究［J］. 交通科技与经济，2013，15（1）：37-40.

[53] 刘兰辉，汪正. 我国中小城市交通特性分析及交通规划［J］. 城市交通，2004，2（1）：21-24.

[54] 彭蓬，ShinLee. 英国与荷兰非机动化交通模式比较研究［J］. 交通运输工程与信息学报，2011，9（4）：88-98.

[55] 张鹏，葛猛，刘亚坤. 构建中小城市绿色交通的调查与思考［C］//公路交通与建设论坛. 2010.

[56] 丁涛，巫绪敏，黄良驹，等. BRT引领中小城市交通发展新方向［J］. 交通企业管理，2009（5）:44-45.

[57] 茅欢元，张道荣，祝伟. BRT与MRT的发展模式在我国中小城市的适应性分析［J］. 中国高新技术企业，2017（11）:185-187.

[58] 周伟，江玉林，钟朝晖. 促进绿色出行［M］. 北京:中国环境出版社，2016.

[59] 李振宇，江玉林，牛犇. 城市交通低碳发展路径与政策［M］. 北京:人民交通出版社股份有限公司，2016.

[60] 樊一江，任虹，杨杰. 德国城市公共交通发展的经验与启示［J］. 综合运输，2011（8）:51-60.

[61] 赵燕. 低碳交通理念下城市规划策略研究［J］. 低碳地产，2016，2（12）：296.

[62] 卜华政. 高铁时代宜兴城市低碳交通发展探索［J］. 江苏城市规划，2014（3）.

[63] 叶益芳，叶霞飞. 国外典型城市自行车发展模式分析及启示［J］. 综合运输，2011，09.
[64] 叶玉瑶，张虹鸥，许学强，等. 面向低碳交通的城市空间结构:理论、模式与案例［J］. 城市规划学刊，2012（5）:37-43.
[65] 谢志明，陈海伟. 日本综合客运枢纽交通衔接设计经验及启示［J］. 城市交通，2016，14（5）:56-62.
[66] 李铁. 新型城镇化与交通发展［J］. 城市交通，2014（3）:1-4.
[67] 程世东. 新型城镇化背景下交通运输发展思路与重点［C］//2013年中国城市交通规划年会暨第27次学术研讨会. 2014:9-13.
[68] 夏雪. 中小城市公交专用道网络设计方法及应用研究［D］. 东南大学，2016.
[69] 刘阳. 中小城市综合交通体系规划应用研究［D］. 长沙理工大学，2012.
[70] 李爽. 中小城市公路网规划的方法及应用研究［D］. 北京交通大学，2011.
[71] 刘险峰. 城市群低碳交通发展研究［J］. 中国城市经济，2010（10）:103-104.
[72] 曲勇慧. 生态文明建设理念下中小城市交通拥堵现状及治理对策——以扬州市为例［J］. 才智，2015（27）.
[73] 卞雪航，张毅，陈书雪，等. 城镇化视角的国外低碳交通发展经验研究［J］. 综合运输，2016（10）:36-41.
[74] 王明华. 基于绿色交通的城市交通规划方法改进［J］. 黑龙江交通科技，2017，40（2）: 209.
[75] 温旭丽，杨涛，马香，等. 小城市居民出行特征及交通发展策略研究［J］. 公路交通科技（应用技术版），2014（8）.
[76] 戴源夏. 中小城市城镇化进程中的交通特性及改善对策［J］. 公路交通科技（应用技术版），2011（11）:41-43.
[77] 钱俊杰. 中小城市交通拥堵问题对策研究［J］. 城市建筑，2017（3）: 373.
[78] 宋墨. 中小城市合理交通出行结构研究［D］. 哈尔滨工业大学，2013.
[79] 彭鹏. 城市低碳交通评价指标体系及实现途径研究［D］. 北京交通大学，2013.
[80] 孟祥峰. 基于绿色交通理论的中小城市“公交+慢行”系统优化研究［D］. 山东建筑大学，2014.

[81] 朱金峰. 我国中小城市公共交通发展存在的问题及对策研究 [D] . 东南大学，2012.

[82] 游宏滔. 中小城市的城市设计若干问题研讨 [C] // 中国城市规划年会, 2006.